# 이데아의 숲에서 정의를 찾다

서정욱 지음

㈜자음과모음

**책머리에**

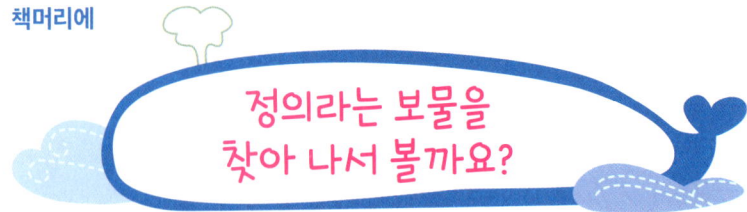
정의라는 보물을
찾아 나서 볼까요?

　여러분, 여러분은 이제 저와 함께 철학 여행을 떠나게 됩니다. 여러분은 철학이 무엇인지 아세요? 철학은 무척이나 어렵고 힘들고 따분한 것 같지만, 사실은 가장 친근하고 쉽고 재미있는 학문이랍니다. 우리가 어떻게 살아야 하는지, 무엇을 우선으로 살아야 하는지, 행복한 삶이란 무엇인지 답을 가르쳐 줍니다.
　행복한 삶에 대해 가르쳐 준다니 갑자기 철학에 대한 궁금증이 커지지 않았나요? 그렇다면 철학 여행을 떠날 준비가 된 것입니다. 자, 이제 저와 함께 책 속으로 여행을 떠나 볼까요?

이 책에서 다룰 철학자는 플라톤이라고 하는데 혹시 들어 본 적 있나요? 플라톤은 기원전 427년 그리스의 귀족 집안에서 태어났습니다. 고대 그리스 귀족들은 모두 정치를 했습니다. 그리스에서는 직접 민주주의를 실시했기 때문이죠. 여러분도 잘 알겠지만, 직접 민주주의란 모든 사람이 정치에 참여하는 것을 말합니다. 우리나라처럼 국회의원을 뽑아서 그들이 우리를 대신하여 정치를 하는 것을 간접 민주주의라고 합니다.

고대 그리스에서는 귀족들은 모두 정치에 참여했습니다. 그래서 직접 나라의 중요한 정책들을 결정했답니다. 플라톤도 귀족 출신이기 때문에 당연히 정치를 해야 했습니다. 그러나 플라톤은 어릴 때부터 정치보다 문학을 좋아하여 유명한 소설가가 되려고 노력했습니다. 그러다가 플라톤은 스무 살 때 그리스에서 유명한 철학자 소크라테스를 만났습니다. 소크라테스의 수업을 듣던 플라톤은 문학의 꿈을 버리고 철학을 공부하기 시작했습니다. 이때부터 플라톤은 열심히 철학을 공부하여 수많은 책을 남겼습니다.

플라톤의 모든 책은 여러 사람이 함께 이야기 나누는 형식, 즉 대화로 되어 있습니다. 그래서 우리는 플라톤의 책을 대화 형식으로 된 책이라고 하고, 플라톤의 철학하는 방법을 대화법이라고 합니다. 플라톤의 책에는 몇 가지 특징이 있는데, 그것은 다음과 같습니다.

1. 플라톤의 철학책은 모두 대화로 이루어졌습니다.
2. 플라톤의 책에서 대화자로 참여하는 사람 중에는 역사적으로 실존했던 사람도 있습니다.
3. 플라톤이 쓴 철학책의 주인공은 모두 소크라테스입니다.

여기서 제가 여러분에게 플라톤의 철학에 대해서 전부 이야기할 수는 없습니다. 이 책을 읽기 위해 꼭 필요한 이야기와 플라톤의 가장 일반적인 철학에 대해 조금만 이야기하겠습니다.

플라톤이 가장 먼저 이야기한 것은 도덕입니다. 여러분 중에서 도덕이 무엇인지 모르는 사람은 없겠죠. 도덕은 사람이 살아가는 데 꼭 필요합니다. 플라톤이 살던 시대의 사람들은 도덕에 대해 잘 몰랐고, 교육을 통해 도덕을 배울 수 있다는 사실도 몰랐습니다. 플라톤은 도덕이야말로 사람들이 살아가는 데 꼭 필요하다며, 그리스 사람들에게 도덕의 정확한 의미에 대해 설명하고 도덕을 가르쳤습니다. 이때부터 그리스 사람들은 도덕의 중요성을 알게 되었습니다.

플라톤은 도덕을 바탕으로 법의 중요성을 강조했습니다. 법의 종류는 많습니다. 도덕을 지키는 것이 개인의 법을 지키는 것이라면, 나라의 법을 지키는 것은 국가를 지키는 것입니다. 그래서 플라톤은 법이 국가를 지키기 위해서 꼭 필요하다고 했습니다. 한 나라에서 모든 사람들이 정치에 참여할 수는 없습니다. 나라가 잘살기 위해서는 좋은 사람이 정치를 해야 합니다. 플라톤은 잘사는 나라를 만들기 위해서는 법을 잘 지키는 사람이 정치를 해야 한다고 말했습니다.

플라톤의 생각 중에서 우리가 꼭 알아야 하는 것은 사랑입니다. 여러분은 '플라토닉 러브(Platonic Love)'라는 말을 들어 보았나요? 플라톤은 남자와 여자 사이에도 우정이 있다고 믿었습니다. 이것이 바로 순수한 사랑을 의미하는 플라토닉 러브입니다. 플라톤은 바로 이 순수한 사랑이야말로 아름다움과 착함을 얻고자 하는 철학적인 마음이라고 했습니다. 플라톤은 순수한 사람만이 순수한 사랑을 할 수 있고, 순수한 사랑을 하는 사람만이 철학을 할 수 있다고 생각했습니다.

여러분 중에는 논술 학원이나 글짓기 학원에 가 본 사람이 있나요? 학원 선생님은 여러분에게 항상 자신의 생각을 써 보라고 말씀하시죠? 자신의 생각이 무엇일까요? 남의 생각이 없는 자신의 생각, 그것이 바로 순수한 생각입니다.

이제 플라톤의 사랑이 무엇인지 알겠죠. 그리고 논술이나 글짓기를 할 때도 왜 철학이 필요한지도 알았을 것입니다.

플라톤의 도덕은 자신을 지켜 주는 경계선입니다. 법은 남과의 관계를 지켜 주는 또 다른 경계선입니다. 사랑은 아름답고 좋은 생각을 할 수 있도록 도와주는 마음의 경계선입니다. 플라톤의 철학은 이렇게 순수한 자신의 생각에서 출발합니다.

자신의 순수한 생각을 갖기 위해서 무엇이 필요할까요? 아름다운 사람, 좋은 사람, 착한 사람, 정의로운 사람, 지혜로운 사람 등 순수한 마음을 가진 사람이 되기 위해서 무엇이 필요할까요? 플라톤은 '이데아'가 필요하다고 했습니다.

그럼 지금부터 이데아에 대한 이야기를 시작해 볼까요. 이데아를 찾는 플라톤의 이야기는 보물찾기와 비슷하다고 할 수 있습니다. 플라톤은 모든 진리를 이데아라는 숲에 숨겨

두고, 그 보물을 찾아내는 방법을 우리에게 가르쳐 줍니다.

　진리라는 보물만 있으면 여러분 모두는 아주 순수한 사람이 될 수 있습니다. 우리는 그 보물을 찾기 위해 철학수사대를 결성했습니다. 왜 철학수사대가 필요하냐고요? 보물을 찾으려는 사람들이 많아지다 보니까, 그 보물을 지켜야 하는 수사대가 필요하게 된 거죠.

　철학수사대는 정의라는 보물을 찾으려고 합니다. 도대체 정의란 뭘까요? 학교에서 친한 친구가 힘이 센 다른 친구에게 맞고 있는 장면을 보게 된다면 여러분은 어떨까요? 여러분이 힘이 약해서 친구를 도와줄 수 없다면 어떨까요?

　이때 플라톤은 정의의 필요성을 이야기합니다. 플라톤은 정의가 없다면 학교 가는 길도 무섭고, 내 친구가 힘이 센 친구에게 맞을 때 내가 도와줄 수 없기 때문에 울기만 해야 하는 상황이 생길지도 모른다고 이야기합니다. 이제부터 플라톤의 정의라는 보물이 어떻게 생겼는지 철학수사대와 함께 찾아 나서 볼까요?

　　　　　　　　　　　　　　　　　　　　　　　서정욱

# 차례

책머리에 정의라는 보물을 찾아 나서 볼까요? 4

프롤로그 내 이름은 셜록홈 16

## 1 CSI 철학수사대의 탄생

우리는 철학수사대! 21

괴편지 29

이데아의 유령 34

다락방의 철학책 38

첫 사건 45

철학자의 생각 50

즐거운 독서 퀴즈 53

## 2 이데아의 유령

이데아가 뭐야? 59

다락방에 나타난 이데아의 유령 64

이데아의 세계로 가다 68

태양의 방 73

선분의 방 78

동굴의 방 84

다시 현실 세계로 94

철학자의 생각 98

즐거운 독서 퀴즈 101

## 3 정의를 찾아라

찾아낸 단서 107
정의 찾기 대회를 개최하다 113
『국가』를 연극 무대에 올리다 119
**철학자의 생각 146**
**즐거운 독서 퀴즈 149**

## 4 플라톤의 부탁

해결의 실마리 155
다시 나타난 플라톤 159
지혜, 용기, 절제를 조화롭게 164
**철학자의 생각 168**
**즐거운 독서 퀴즈 170**

**에필로그 사건 종결, 그 후 172**
**네 생각은 어때? 문제 풀이 176**

# 등장인물

### 설록홈

추리 소설의 열성 팬이자 경찰인 어머니, 아버지 밑에서 외롭게 자란 소녀. 명탐정 설록 홈스를 추리 소설 최고의 주인공으로 꼽는 아버지 덕분에 록홈이란 이름도 얻게 되었다. 어느 여름 방학, 당분간 함께 지내게 된 외사촌 류팽과 함께 탐정 놀이를 하다 얼떨결에 철학수사대를 결성하고 대장을 맡게 된다. 그러던 어느 날, 각국 사이버수사대에 이데아의 유령이 정의를 찾으라는 협박 편지를 보냈다는 사실을 알게 되고, 이를 해결하기 위해 첫 출동에 나선다. 경찰 가문의 피가 흐르는 록홈이, 과연 첫 사건을 잘 해결할 수 있을까?

### 류팽

추리 소설과 탐정 놀이를 무척이나 좋아하는 소년. 팽이란 이름은 추리 소설 최고의 주인공으로 괴도 뤼팽을 꼽는 록홈의 어머니가 붙여 주었다. 어느 여름, 아버지가 지방 발령이 나면서 외사촌 록홈이네 머물게 되었고, 좋아하는 탐정 놀이를 하기 위해 철학수사대를 결성하고 누나, 아니 대장에게 충성을 맹세한다. 정의를 찾아 나선 첫 출동에서 철학을 전공한 어머니 덕에 맘껏 지식을 뽐내기도 하고, 다락방에서 우연히 발견한 나무토막을 던져 이데아의 유령을 불러내는 결정적인 역할을 하기도 한다.

## 이데아의 유령

각국 사이버수사대에 2주 안에 정의를 찾으라는 협박 편지를 보내고, 록홈이네 다락방에서는 팽이가 우연히 발견한 나무토막을 던지자 가면을 쓰고 나타나기도 한다. 한 번 나타나면 백 년 동안 다시 나타날 수 없고, 불러낸 사람이 원한다면 이데아가 무엇인지 가르쳐 줄 의무가 있다. 의무를 지키기 위해 록홈과 팽이, 왓슨을 이데아의 세계로 데려가는데…….

## 왓슨

록홈과 단짝인 두 살 된 강아지로 철학수사대의 일원이다. 옥수수를 갉아 먹다 옥수수자루까지 씹어 먹을 정도로 식탐이 많지만, 사람 말귀를 잘 알아듣는 똑똑한 녀석이기도 하다. 정의를 찾아 올라간 다락방에서 구석에 놓인 라면 상자를 박박 긁으면서 짖어 록홈과 팽이에게 사건 해결의 실마리를 제공한다.

### 이상 국가를 그리다
# 플라톤

고대 그리스의 철학자로 기원전 427년 그리스의 귀족 집안에서 태어났다. 당시 귀족은 모두 정치에 참여해야 했지만, 어릴 때부터 정치보다 문학을 좋아하여 소설가가 되기를 꿈꿨다. 스무 살 때 유명한 철학자 소크라테스를 만나면서 문학의 꿈을 버리고 철학자의 길로 들어섰다.

무척 혼란한 시대를 살았던 플라톤은 존경하는 스승 소크라테스가 군중들의 어리석음 때문에 감옥에서 독약을 마시고 죽자 '지혜'를 강조했다. 또 영원히 변하지 않는 절대적인 진실을 '이데아'라고 하며, 이데아의 세계를 알고 있는 지혜로운 철학자가 세상을 통치해야 한다고 했다. 또한 모두가 각자의 위치에서 지혜, 용기, 절제를 조화롭게 발휘하는 것을 '정의'라고 하고, 그런 사람들로 이뤄진 이상 국가를 실현하고자 했다.

프롤로그

## 내 이름은 설록홈

　나의 부모님은 추리 소설의 열성 팬이셨어. 에드거 앨런 포, 애거사 크리스티, 코넌 도일의 작품들이 부모님을 절반은 키웠다고 해. 아버지는 명탐정 셜록 홈스를, 어머니는 괴도 뤼팽을, 서로 최고의 주인공이라며 요즘도 다투시는데, 내가 보기엔 두 분 다 아직 철이 덜 드신 것 같아.

　내 이름을 지을 때도 두 분이 설전을 벌이셨대. 결국 아버지의 뜻대로 셜록 홈스를 본뜬 록홈이로 결정되었지만 말이야. 그래서 내 이름은 아버지 성인 설에 록홈이를 붙인 설록홈이 되었어. 어머니는 내 이름을 뤼팽으로 짓지 못해 아쉬워하시다가 나보다 한 해 늦게 태어난 외삼촌의 아들에게 팽이라는 이름을 붙여 주셨어. 팽이라는 이름이 웃긴다고? 그래도 내 이름인 록홈이보다는 백배 나은 거 같아.

생각해 보면 나는 참 어른스러운 것 같아. 정신 연령은 아마 가족 중에 내가 제일 높을 거야. 천재는 고독하다는데 나처럼 성숙한 인간도 고독하기는 마찬가지야. 밥을 먹다가도 추리 소설 때문에 밥알을 튀기며 설전을 벌이시는 부모님 밑에서 품위를 지키며 살아가기란 무척 어렵거든.

물론 고독한 나에게도 친구는 있어. 외사촌 류팽과 왓슨이 바로 나의 친구들이야. 뭐니 뭐니 해도 역시 셜록 홈스의 단짝은 왓슨 박사 아니겠어. 그런데 내 친구 왓슨은 박사가 아니라 이제 겨우 두 살 된 강아지야. 우리 셋은 매일같이 붙어 다녀. 외삼촌이 지방으로 발령 나서 팽이가 당분간 우리 집에 머물게 되었거든.

그 일이 있기 전까지 우리도 십 대 또래들처럼 왁자지껄 몰려다니며 장난거리를 찾고 있었어. 물론 세계 평화와 인류 발전을 위해 우리가 무엇인가를 해야 한다고는 늘 생각했지. 그런데 예상치 못한 사건이 벌어져서 얼떨결에 우리는 인류의 미래를 양어깨에 짊어지게 되었어.

이제부터 그 이야기를 들려주려고 해.

겉모습이란 속임수이다.
　　　—플라톤

# 1. CSI 철학수사대의 탄생

유치하게 탐정 놀이라니!
그런데 철학수사대를 만들자마자 사건에 휩싸인다.
첫 사건을 해결하라, 철학수사대 출동!

## 우리는 철학수사대!

　그해 여름은 유난히 길고 더웠다. 우리들은 낮에는 2층 방에서 꼼짝도 하지 않고 늘어져 있기 일쑤였다. 왓슨은 강아지라 특히 더위를 참지 못해서 해가 질 때까지 시원한 마룻바닥에 꼼짝 않고 엎드려 있었다. 팽이와 나도 선풍기를 틀어 놓고 침대에서 빈둥대다 보면 어느새 저녁이 되곤 했다. 하루 종일 나오는 케이블 텔레비전이 낮 동안의 유일한 오락거리였다. 밤이 되면 우리는 뭔가 재미있는 일이 없을까 동네를 어슬렁거리며 휘젓고 다녔다.
　낮과 밤이 뒤바뀐 생활을 일주일 정도 했을 무렵이었다. 그날도 밤이 되어서 2층 옥상 평상에 셋이 앉아 있었다. 나와 팽이는 삶은 옥수수를 하나씩 입에 물고 하모니카 부는 흉내를 내다가 남은 방학을 이렇게만 보낼 수는 없다는 생각에 머리를 맞댔다.

"팽아, 뭔가 재밌는 일 없을까?"

한참을 곰곰 생각하던 팽이가 무슨 재밌는 일이 떠올랐는지 눈을 반짝이며 말했다.

"누나, 아빠가 그러는데 고모는 방학 때마다 경찰서에서 살았대. 처음에는 아저씨들이 귀찮다고 혼도 내고 쫓아내고 그랬대. 그런데 고모가 어려운 사건들을 잘 풀어내니까, 아, 누나, 쟤 옥수수자루까지 먹는다."

흘끗 보니 아까부터 꼼짝 않고 옥수수만 갉아 먹고 있던 왓슨이 옥수수자루마저 씹어 먹고 있었다.

"왓슨, 이리 내."

"그르릉그르릉."

"이 녀석이 어디 주인 보고 이빨을 드러내! 픽!"

결국 머리를 한 대 쥐어박히고 옥수수자루마저 빼앗긴 왓슨은 풀이 죽어서 납작 엎드렸다.

"그래서 나중엔 명예 경찰까지 시켜 주고, 수사반장 아저씨도 고모가 방학하기만을 손꼽아 기다렸대……."

무슨 재미있는 일인가 싶었더니 또 탐정 이야기였다.

"됐다, 됐어. 유치하게 또 탐정 놀이냐."

유치하다고 면박을 당하자 팽이는 속이 상한 모양이었다. 팽이는 나와 달리 추리 소설을 좋아하고 탐정 놀이도 좋아한다. 어찌 보면 나보다 더 우리 가족과 잘 맞는다. 부모님 두 분 다 경찰대학을 나오신 뒤 아버지는 서울남대문경찰서 형사과장, 어머니는 경찰청 사이버수사대 대장으로 일하시기 때문이다. 경찰이 원래 일이 많은 직업이기도 하지만 두 분 다 일을 무척 좋아하셔서 나는 어린 시절을 엄청

외롭게 보냈다. 나의 이런 고독을 누가 이해할 수 있을까. 그래서 난 탐정이 싫다.

"류팽, 그런 거 말고 정말 신나는 일 좀 생각해 봐."

내 말을 들은 팽이가 살짝 눈을 흘기더니 한마디 내뱉었다.

"누나 말대로 난 유치하니까 고상한 누나가 어디 한번 생각해 봐."

"녀석, 삐치기는……. 네 말대로 탐정 놀이 하자. 이제 됐지?"

언제 삐친 척했냐는 듯 팽이가 신이 나서 깔깔대며 평상에서 폴짝폴짝 뛰어다녔다.

"야호! 신난다! 누나, 우리 무슨 사건부터 시작할까?"

"왈왈, 왈왈."

옥수수자루를 빼앗기고 풀이 죽어 누워 있던 왓슨도 팽이가 뛰자 깜짝 놀라 덩달아 짖으며 깡충거렸다.

"셜록홈! 애들 좀 조용히 시켜!"

아래층에서 어머니의 고함 소리가 들렸다.

"쉿! 조용히 하자."

팽이와 왓슨을 겨우 진정시킨 뒤 자리에 앉혔다.

"누나, 그러면 우리 이름부터 멋지게 짓자."

"이름은 무슨…… 그냥 대충 해."

귀찮아서 내쏘았더니 팽이가 다시 뾰루퉁한 표정을 지었다.

"아, 알았어. 이름 짓자. 척척 해결 탐정 사무소 어때?"

"으아, 너무 촌스럽다. 지금이 어느 시대인데……. 그러지 말고…… 누나, 이건 어때? 케이블 텔레비전에서 하는 거 있잖아. 과학수사대!"

"〈CSI 과학수사대〉 말이야? 싫어. 똑같으면 개성이 없잖아."

"아니, 우리는 다른 이름으로 하자고. 텔레비전에서 하는 건 과학수사대니까 우리는 철학수사대라고 하는 거야!"

"왜 하필 철학수사대야?"

"사건을 해결하는 방법은 여러 가지잖아. 음…… 그러니까 우리는 철학적인 사고와 논리로 문제를 해결하는 탐정들이라는 뜻에서 철학수사대라고 이름 지으면 좋을 거 같아서."

"이름은 거창한데……. 글쎄…… 잘될까?"

"누나!"

"앗, 깜짝이야. 왜 고함을 지르고 난리야. 귀청 떨어지겠다. 그래 좋아, 철학수사대를 만들자. 단, 방학 동안만 하는 거야. 알았지?"

"만세! 누나, 아니지, 대장, 충성!"

"왈왈, 왈왈."

"설록홈! 애들 조용히 못 시켜! 엄마가 올라가서 조용히 시킬까?"

어머니의 쩌렁쩌렁한 목소리가 밤공기를 갈랐다.

"쉿! 엄마한테 혼나고 싶어서 그래? 조용히 해."

"킥킥킥, 알았어. 조용히 할게."

다음 날 아침, 식탁에 앉으려던 나는 팽이의 갑작스러운 폭탄선언 때문에 얼굴이 화끈거렸다.

"고모부! 고모! 우리 탐정 사무소 차렸어요."

아침밥을 먹던 부모님이 의아한 눈으로 나를 쳐다보셨다. 팽이의 폭탄선언으로 부모님한테는 비밀로 해야겠다는 내 생각이 순식간에 물거품이 되어 버렸다.

"이름도 지었어요. 철학수사대예요. 멋있죠?"

"야, 팽이버섯! 밥이나 먹어."

무안해진 나는 괜스레 팽이를 구박하며 밥공기에 얼굴

을 파묻은 채 밥을 먹었다.

"어머, 이름이 멋있구나. 그렇죠, 여보?"

"그렇군. 그런데 철학수사대라면 철학적으로 사건을 풀어 가는 거냐? 굉장히 흥미로운 수사법이구나. 내가 딸 이름 하나는 정말 잘 지었다니까. 핫핫핫."

부모님은 무남독녀 외동딸인 나를 경찰대학에 보내고

싶어 하시는데 내가 그쪽으로 전혀 흥미를 보이지 않자 은근히 내 눈치를 살피고 계셨다. 그러다 이번에 철학수사대를 만들었다는 말을 들으시고는 나에게도 가문의 피가 흐르고 있다며 무척 좋아하셨다. 나는 팽이를 흘겨보며 무뚝뚝하게 말했다.

"방학 동안만 할 거예요."

"그렇게 하렴. 아마 좋은 추억이 될 거야."

이렇게 해서 CSI 철학수사대가 탄생하게 되었다.

## 괴편지

　여느 때처럼 아침 일찍 출근한 류현 대장은 한 달째 매달리고 있는 국방부 해킹 사건 파일에 다시 얼굴을 파묻었다.
　"띠리리링, 띠리리링."
　"헉, 깜짝이야."
　갑자기 울린 전화벨 소리에 화들짝 놀란 류 대장은 놀란 가슴을 쓸어내리며 전화기를 집어 들었다.
　"네, 류현입니다."
　"류 대장, 나 수사과장인데……."
　"아, 네, 과장님."
　"11시에 긴급회의 소집하게."

"긴급회의요? 네, 알겠습니다."

좀처럼 없던 일이었다. 지난해 대학수학능력시험 부정 사건 이후로 처음 소집되는 긴급회의였다. 류 대장을 비롯한 전 대원들은 약간 긴장된 모습으로 회의실에 속속 입장했다.

"자, 다 모였으면 시작하지."

사이버수사대 수사과장이 자리에 앉으면서 회의 시작을 지시했다. 회의실 조명이 갑자기 어두워지면서 전면 대형 스크린에 새로운 사건 파일이 떴다. 그러자 수군대는 소리가 여기저기서 흘러나왔다. 류 대장은 왠지 불안한 마음을 애써 진정시키며 별사건이 아니기를 빌었다.

"저게 뭐지? 아이디어?"

## IDEA

푸른 화면에 IDEA라는 글자가 선명하게 떴다. 시끌벅적한 좌중을 둘러보던 수사과장이 말문을 열었다.

"이게 뭔지 아는 사람 있나?"

"영어로 아이디어 아닙니까?"

개인정보보호팀의 나유식 경위가 자신 있게 대답했다.

"음, 아니네."

모두들 당황한 모습이 역력한 가운데 수사과장이 한 명씩 묻는 듯한 눈길로 바라보았다.

'아이디어가 아니라고? 그럼, 뭐지?'

순간 류 대장의 머릿속에 고등학교 윤리 시간에 배운 단어 하나가 스치고 지나갔다.

'이데……아?'

바로 그때 수사과장과 눈이 마주쳤다.

"류 대장, 무엇인지 알겠는가?"

"아, 네, 저…… 혹시 이데아 아닙니까?"

"음, 그렇다네. 이것은 이데아라네. 다들 고등학교 윤리 시간에 배웠겠지? 플라톤의 이데아론 말일세."

수사과장의 이데아란 말에 또다시 회의실이 시끄러워졌다.

"조용, 조용. 다음 화면으로 넘기게."

제목: 나 잡아 봐라

보낸 날짜: 7월 22일(金) 03:44(한국 시간)

보낸 이: phantom_of_idea@gmail.com

받는 이: cci_captain@cybercrime.go.kr

정의가 무엇인지 찾아라.

2주를 주겠다.

만약 시간 내에 찾지 못하면,

이 세상에서 정의는 사라질 것이다.

으하하하!

추신: 전자 우편 접수, 전화 문의 사절. 방문 접수만 가능.

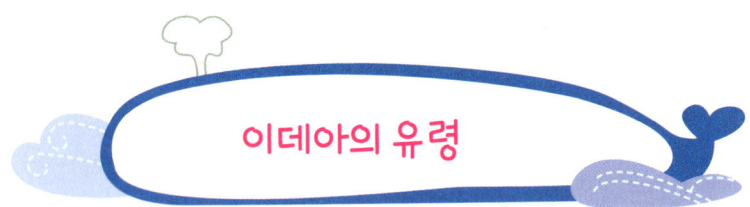

# 이데아의 유령

"뭐야 저게? 장난해?"

"누구야, 대체. 이런 말도 안 되는 장난을 치는 녀석이……."

류 대장은 여기저기서 웅성거리는 소리를 들으며 수사과장이 긴급회의까지 소집한 걸 보니 단순한 장난은 아니라고 생각했다.

"제군들이 생각하듯 이것은 애들 장난이 아니네. 미국, 영국, 러시아, 중국, 일본, 터키, 덴마크, 독일, 프랑스, 네덜란드, 호주, 캐나다 등등…… 하여간 전 세계 사이버수사대에 모두 접수된 사건이네."

"웬 미친놈이 전 세계를 상대로 장난을 치는 것 아닐까요?"

"맞습니다. 더구나 실명으로 보낸 전자 우편도 아니지 않습니까. 정의가 사라진다니 너무 황당합니다."

부하 직원들이 반론을 제기하자 수사과장은 말없이 또 다른 자료를 화면에 띄웠다.

"이것을 보게. 이 도표는 지난주 전자 우편이 각 나라에 도착한 뒤 일주일 동안 전 세계적으로 발생한 테러와 크고 작은 전쟁 횟수를 기록한 것이네."

"제군들이 보다시피 일주일 동안 테러 발생 건수가 백 배 가까이 증가하고 있네. 우연이라고 여기고 가만히 있기엔 사태가 너무 심각하네."

"그럼, 남은 시간은 일주일밖에 없습니까?"

류 대장은 자신의 불안한 예감이 적중하자 다급한 목소리로 물었다.

"음, 그렇다네. 좀 더 발 빠르게 대응해야 했는데, 처음엔 단순한 장난쯤으로 여기다가 일주일을 허비해 버렸네. 자, 류 대장, 본 사건을 해결하기 위한 비상대책반을 조직하게. 시간은 딱 일주일뿐이네."

회의를 마치고 방으로 돌아온 류 대장은 너무도 황당한 사건이라 어찌할 바를 몰랐다. '정의 사회 구현' '정의로운 인간이 되자.' 등등 경찰이 가장 좋아하는 단어가 정의인데, 정의가 무엇인지 대답할 수가 없었다. 게다가 방문 접수라니, 어디서 범인을 찾는담? 그래도 옛말에 급할수록 돌아가라고 했으니 가장 기본적인 일부터 시작해야겠지.

"기똥찬! 내 방으로 와."

류 대장은 사이버수사대에서도 사냥개로 통하는 기법개

발팀의 기동찬 경감을 인터폰으로 호출했다. 대학 후배인 기 경감은 사건 해결에는 동물적인 감각을 타고나서 대학 시절에도 유명했다.

사이버수사대에 들어와서도 굵직굵직한 사건을 기똥차게 해결했고, 그 공로를 인정받아 벌써 팀장으로 승진해 기법개발팀을 이끌고 있다. 기법개발팀은 수사 기법 개발, 증거 분석, 해킹 추적 등의 일을 맡아 처리하는 부서이다.

"대장, 이런 황당한 사건은 10년 수사 경력에 처음이에요."

기동찬 팀장이 자리에 앉으며 말했다.

"20년 수사 경력인 나도 처음이야. 아무튼 기똥찬, 이번 일도 기똥차게 해결해 보자. 일단, 기 팀장 쪽은 놈의 IP를 추적해서 위치를 파악해 줘야겠어. 언제까지 할 수 있겠나?"

"24시간 안에 찾아내야죠. 그러나저러나 오늘도 잠은 다 잤네요."

"그래, 부탁하네. 그럼 나머지 팀은 그동안 '정의'가 무엇인지 찾아내겠네."

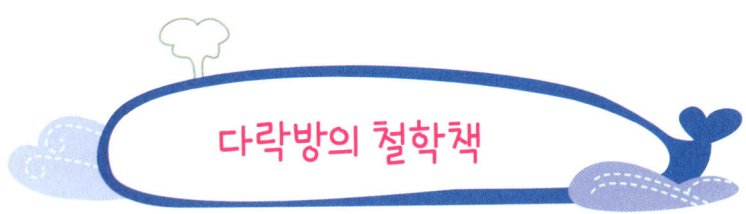

## 다락방의 철학책

그 시각, 나는 다락방에서 책을 뒤적이고 있었다. 장난으로 시작했지만 명색이 철학수사대 대장인데, 철학책이라도 읽어야 하지 않을까 생각하며 오랜만에 다락방에 올라왔다. 부모님이 어릴 때 읽으셨던 책들이 라면 상자에 담겨 구석구석 쌓여 있었다. 상자 안에는 누렇게 바래고 먼지 쌓인 책들이 가득했다. 그런데 그 가운데 유독 나의 시선을 잡아끄는 책이 있었다.

국가
플라톤 지음, ○○○ 옮김

○○○ 출판사

'어, 플라톤의 『국가』란 책인데 굉장히 두껍네. 거기다 글자도 작고……. 지금까지 내가 읽은 책들보다 열 배는 어려워 보인다.'

유명한 철학자의 책이라 한번 읽어 보고 싶었지만 척 보기에도 어려워 보여서 책장을 휘리릭 넘겼다. 그러다가 한 페이지에 눈이 머물렀다.

'양치기 기게스의 반지 이야기?'

마침 내가 펼쳐 든 페이지는 글라우콘이라는 청년이 소크라테스와 이야기를 나누는 장면이었다. 이 청년은 정의가 왜 좋은지 소크라테스가 분명하게 대답해 주기를 원했다. 그래서 오히려 자신은 정의롭지 못한 것이 더 좋다고 말하며 '양치기 기게스의 반지 이야기'를 예로 들었는데, 바로 이 부분이 나의 시선을 잡아 끌었다.

'양치기 기게스의 반지라니, 마치 『반지의 제왕』의 절대 반지 이야기 같은데? 재미있겠는걸.'

양치기 기게스의 반지 이야기는 그리스 신화에 나오는 리디아 왕 기게스의 전설이다. 기게스는 리디아(소아시아 서

부에 있었던 고대 국가)의 왕인데, 전설에 따르면 그는 처음에 왕을 섬기는 양치기였다고 한다.

플라톤은 자신이 쓴 『국가』에서 글라우콘이라는 청년을 통해 다음과 같이 말하고 있다.

먼 옛날 리디아 지방에 기게스의 조상이 있었다. 그는 당시 리디아의 왕을 모시는 양치기였는데, 늘 성실하게 자기 일을 하는 사람이었다.

어느 날 그는 평소처럼 양 떼를 몰고 들판으로 나갔다. 그런데 아침에 출발할 때는 멀쩡하던 하늘이 갑자기 먹구름으로 뒤덮이더니 폭풍이 불어닥치고 지진이 일어났다.

'매, 매매!'

기게스는 놀란 양 떼를 데리고 이리저리 피하느라 정신없었다.

폭풍과 지진이 그친 뒤 들판이 갈라진 자리에 깊은 구멍이 생겼다.

'아니, 이 구멍은 뭐지?'

깜짝 놀란 기게스는 호기심을 이기지 못하고 구멍 속으로 들어갔다. 컴컴하고 좁은 구멍을 따라 아래로 내려간 기게스

는 몸을 구부리고 안을 들여다보았다. 거기에는 조그만 문이 달린 청동 말이 있었다.

'앗, 저건 시, 시, 시체 아냐?'

청동 말 안에는 사람보다 커 보이는 시체가 있었다. 놀란 가슴을 겨우 진정시키고 시체를 가만히 살펴보던 기게스는 시체의 기다란 손가락을 보는 순간 더욱 놀라 눈이 동그랗게 커졌다. 시체의 손가락에 커다란 금반지가 끼워져 있었기 때문이다.

'보는 사람도 없고 이미 죽은 사람이 끼고 있는 반지인데,

그냥 빼서 가지고 갈까? 아니야, 죽은 사람 것이라도 내 것이 아닌데 그럴 순 없지. 아, 아니야, 이미 죽은 사람인데 뭐 어때…….'

잠시 망설이던 기게스는 결국 시체의 손가락에서 반지를 빼서 지상으로 돌아왔다. 그 일이 있고 얼마 뒤 기게스는 그 반지를 끼고 양치기들의 모임에 참석했다. 다른 사람들과 함께 앉아 있던 자리에서 그는 반지를 만지작거리다가 우연히 반지의 보석을 물고 있는 거미발을 자신을 향하게 돌렸다. 그

순간 이상한 일이 벌어졌다.

모임에 있던 사람들이 갑자기 모습이 사라진 기게스를 찾느라 소동을 일으켰다. 자신의 모습이 보이지 않는다는 것을 알게 된 기게스는 놀라서 반지를 다시 만지작거렸다. 반지의 거미발이 바깥쪽으로 향하게 되자 그의 모습이 다시 사람들 앞에 보이게 되었다.

'이 반지는 사람을 사라지게 하는 힘을 갖고 있어!'

반지의 숨겨진 힘을 알게 된 기게스는 반지를 이용하여 자신이 왕이 되려는 음모를 꾸몄다. 왕에게 양 떼의 상태를 보고하기 위해 왕궁으로 간 기게스는 왕비를 유혹한 뒤 왕을 죽였다. 그 뒤 기게스는 왕비와 결혼하여 리디아의 새로운 왕이 되었다.

'으으으, 무섭다. 내가 만약 기게스의 반지를 가지게 된다면 어떻게 될까? 나도 기게스처럼 나쁜 짓을 하게 될까? 만약 반지를 이용하여 투명 인간이 된다면 날 괴롭히던 애들을 혼내 주고, 또 할인 마트에 가서 좋아하는 초콜릿을 몰래……'

투명 인간이 되는 재미있는 상상에 한참 빠져 있던 나는 누군가 계단을 급히 올라오는 소리에 정신을 차렸다. 계단 쪽에서 팽이의 다급한 목소리가 들렸다.

### 네 생각은 어때?

양치기 기게스의 반지 이야기, 재미있게 읽었나요? 기게스는 어느 날 우연히 신통력을 가진 마술 반지를 얻게 되었죠. 그는 원래 착한 사람이었으나 마술 반지를 얻게 되면서 나쁜 마음을 가지게 되었어요. 반지의 힘을 이용하여 왕비를 유혹한 뒤 왕비와 공모하여 왕을 죽이고 리디아의 왕이 되었거든요. 기게스처럼 여러분의 눈앞에 마술 반지가 있다면 여러분은 어떤 마음을 가지게 될까요? 또 어떤 일을 하고 싶어질까요?

▶풀이는 176쪽에

## 첫 사건

"누나, 누나! 사건이야, 사건!"

"조심해. 계단이 낡아서 삐걱거려."

팽이가 헐레벌떡 다락문을 열고 올라오고 왓슨이 뒤따라왔다.

"왈왈, 왈왈."

"무슨 일이야, 왓슨까지 시끄럽게."

계속 짖어 대는 왓슨을 벌떡 안고 팽이를 쳐다보았다.

"누나, 방금 뉴스 속보가 나왔는데, 헥헥헥."

"천천히 말해. 도대체 무슨 일이야?"

"글쎄, 정의를 찾는대. 일주일 안에 못 찾으면 세상에서 정의가 사라진대."

팽이가 무슨 말을 하는지 알 수가 없어 팽이를 흘겨보며 말했다.

"팽이버섯, 벌써 밥 먹을 때가 되었네. 밥이나 먹으러 내려가자."

"정말이야, 방금 텔레비전에 나왔어. 지금도 나올 거야. 못 믿겠으면 직접 가서 봐."

팽이는 나를 끌고 2층 방으로 내려왔다.

속보를 알립니다. 이데아의 유령이라는 정체불명의 위험 인물로부터 정의를 찾으라는 협박 편지가 각국 사이버수사대에 접수되었습니다.

7월 22일에 발송된 이 편지에는 2주 동안 정의를 찾지 못하면 세상에서 정의가 사라질 것이라는 메시지가 들어 있다고 합니다.

벌써 일주일 동안 전 세계적으로 테러와 전쟁 발생 건수가 백 배 가까이 늘었다고 합니다. 이제 남은 시간은 딱 일주일뿐입니다. 국민 여러분, 정의가 무엇인지 아는 사람은 속히 사이버수사대로 연락해…….

믿을 수가 없었다. 이런 거짓말 같은 일이 일어나다니. 텔레비전에서 계속 떠들어 대는 속보를 들으며 귀를 의심하지 않을 수 없었다.

"따리리링, 따리리링."

그러다 갑자기 울리는 전화벨 소리에 정신이 들었다.

"여보세요? 고모? 네, 팽이에요. 누나는 옆에 있어요. 네, 봤어요. 잠시만요."

어머니 전화였다.

"록홈아, 엄마야. 뉴스 봤지? 비상사태라 사건이 종결될 때까지 엄마랑 아빠는 집에 못 갈 것 같구나. 팽이랑 잘 지내고 문단속 잘하고 있으렴. 그리고 엄마가 우리 록홈이 사랑하는 거 알지?"

"네, 걱정 마세요, 엄마. 저도 사랑해요."

전화를 끊고 침대에 주저앉은 나는 이 거짓말 같은 일에 대해 생각했다. 정의를 찾아라?

"누나, 지금 넋 놓고 앉아 있을 때야? 우린 철학수사대라고!"

"……"

팽이가 말하는 순간 머리를 스치고 지나가는 것이 있었다.

"맞아, 철학! 팽아, 나를 따라와. 철학수사대 첫 출동이다."

말을 끝내기가 무섭게 후다닥 방을 뛰쳐나와 낡은 계단을 부서져라 밟고 다락방으로 올라갔다.

"누나, 같이 가."

헐떡거리며 내 뒤를 쫓아 올라온 팽이와 왓슨을 방 가운데로 모이게 하고 말했다.

"팽이, 그리고 왓슨, 내 말 잘 들어. 이제부터 이 낡은 책들 속에서 정의가 무엇인지 찾아내야 해. 정답은 이 철학책들 속에 있을 거야."

## 철학자의 생각

# 올바른 것, 올바르지 못한 것 어느 쪽이 이익일까?

**올바른 것 VS 올바르지 못한 것**

기게스의 반지 이야기를 읽어 봤죠? 원래는 성실한 양치기였던 기게스가 우연히 투명 인간으로 변하는 반지를 손에 넣었는데, 그 뒤로 사람이 변해서 왕을 죽이고 새 왕이 되었다는 이야기예요. 만약 여러분이 이 반지를 가지게 된다면 어떻게 할까요? 기게스 못지않게 끔찍한 일을 저지를 수도 있고, 반지의 힘을 이용해서 자신의 욕심을 채우기에 바쁠 수도 있을 거예요. 그렇다면 올바른 것보다는 올바르지 못한 것이 더 좋지 않을까 하는 생각도 들어요. 왜냐하면 올바른 것은 수고롭고 힘이 들지만, 올바르지 못한 것은 자기 이익을 위해 욕심대로 하면 되니까 너무 쉽고 이익이 큰 것처럼 보이잖아요. 기게스만 봐도 그래요. 올바르지 못하게 자기 욕심껏 반지의 힘을 이용해서 결국 왕이 되었잖아요.

### 올바른 것이 더 행복하고 이득이고 훌륭하다

만약에 기게스가 반지를 가지지 않았다면 어떻게 되었을까요? 아마 평생 성실한 양치기로 살았을 거예요. 왜냐하면, 반지 때문에 사람들 눈에 보이지 않으니까 올바르지 못한 행동을 마음 놓고 한 거잖아요. 사람들 눈에 보일 때는 올바르게 행동할 거예요.

여러분, 어때요? 여러분은 누가 보고 있기 때문에 올바르게 행동하나요? 올바르게 행동하면 어른들이 칭찬하고, 친구들에게 인기가 많아지니까요. 아무도 보지 않을 때나 혹은 여러분이 정말 투명 인간이 되었을 때는 올바르지 않게 행동하는 것이 더 쉽고 이익일까요?

철학자 플라톤은 올바른 것이 더 행복하고 이득이고 훌륭하다고 말했어요. 플라톤이 말하는 올바른 것, 같은 말로 정의란 도대체 무엇일까요? 그리고 플라톤의 이데아란 무엇일까요? 이 물음에 대한 답은 앞으로 살펴보기로 해요. 여기서는 플라톤이 정의와 이데아를 강조한 이유에 대해 알아보기로 해요.

### 바람직하고 완전한 이상 세계를 꿈꾼 플라톤

플라톤이 정의와 이데아를 부르짖고, 혼란스러운 현실과 다른 이상적인 세계를 찾았던 이유는 그가 살았던 시대가 워낙 불의와 어리석음이 판치던 때였기 때문이에요. 우리 역사에서도 불의와 어리석음이 판치던 때가 있었어요. 그래서『홍길동전』에는 율도국이라는 이상 국가가 등장하고,「허생전」에도 주인공인 허생이 장사로 돈을 많이 벌어서 사람들을 데리고 무인도로 가서 이상 국가를 세운다고 나온답니다. 이처럼 현실이 힘들고 어려울 때는 누구나 더 좋은 다른 세상을 꿈꾸게 돼요. 그래서 플라톤도 현실 세계가 아닌 이상 세계를 꿈꾸었답니다. 물론 여기서 '이상'이란 정신이 이상하다 할 때의 이상이 아니라, 가장 바람직하고 완전하다는 뜻입니다.

## 즐거운 독서 퀴즈

**1** 다음은 플라톤의 『국가』에 나오는 기게스의 반지 이야기예요. 각 문장을 순서대로 나열하여 이야기를 완성해 보세요.

❶ 시체에는 금반지가 끼워져 있었는데, 잠시 망설이던 기게스는 결국 반지를 빼서 지상으로 돌아왔다.

❷ 양 떼의 상태를 보고하기 위해 왕궁으로 간 기게스는 왕비를 유혹한 뒤 왕을 죽이고 리디아의 새로운 왕이 되었다.

❸ 어느 날 양치기 기게스는 양 떼를 몰고 들판으로 나가 폭풍과 지진을 만났다.

❹ 호기심이 생긴 기게스는 구멍을 따라 들어갔고, 그곳에서 청동 말 안에 있는 시체를 발견했다.

❺ 모임에 참석한 기게스는 우연히 반지를 돌리다 반지가 사람을 사라지게 하는 힘을 갖고 있다는 사실을 알게 되었다.

❻ 폭풍과 지진이 그친 뒤 들판이 갈라진 자리에 깊은 구멍이 생겼다.

정답: ❸❻❹❶❺❷

**2** 다음은 앞에서 읽은 내용이 담긴 질문이에요. 괄호 안에 알맞은 답을 써 보세요.

❶ 사이버수사대가 긴급회의를 할 때 회의실 대형 스크린에 새로운 사건 파일이 떴어요. 화면에는 IDEA라는 글자가 떴는데, 이것은 무엇이었을까요?

(                    )

❷ 전 세계 사이버수사대에는 2주 안에 뭔가를 찾아내라고 협박하는 전자 우편이 도착했어요. 그것을 찾아내지 못하면 세상에서 사라진다는 내용과 함께요. 범인이 찾으라고 한 것은 무엇이었을까요?

(                    )

**정답**

❶ 아이디어
❷ 창의

**3** 다음은 플라톤의 철학을 정리한 내용이에요. 괄호 안에 알맞은 낱말을 써 보세요.

플라톤이 정의와 이데아를 부르짖고, 혼란스러운 현실과 다른 이상적인 세계를 찾았던 이유는 그가 살았던 시대가 워낙 불의와 어리석음이 판치던 때였기 때문이에요. 현실이 힘들고 어려울 때는 누구나 더 좋은 다른 세상을 꿈꾸게 돼요. 그래서 플라톤도 현실 세계가 아닌 ( ) 세계를 꿈꾸었답니다. 물론 여기서 ( )이란 가장 바람직하고 완전하다는 뜻입니다.

정답

인간은 교육에 의해서만
인간이 될 수 있다.
인간에서 교육의 성과를 제거하면
아무것도 남는 것이 없다.

― 플라톤

# 2 이데아의 유령

이데아의 유령이 나타났다!
가면을 쓰고 다락방에 나타난 이데아의 유령이
철학수사대를 데려간 곳은? 바로 이데아의 세계!
앗, 그런데 이데아의 유령이 팽이를 끌고 가려고 해.
그건 안 돼!

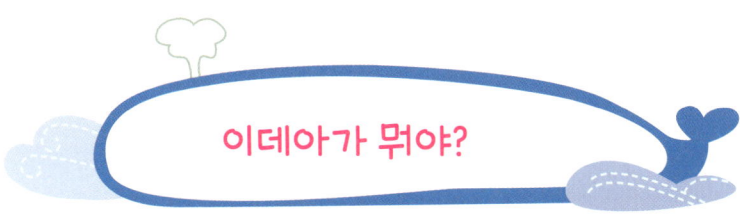

## 이데아가 뭐야?

"아까, 뉴스 속보에서 편지를 보낸 인물이 이데아의 유령이라고 했지. 정말이야?"

"응, 맞아. 이데아의 유령이라고 했어. 근데 누나, 이데아라는 말은 철학자 플라톤이 한 거지?"

어라! 팽이가 제법이네. 플라톤과 이데아를 알고 있다니……. 아무래도 철학을 전공한 외숙모의 영향 때문이겠지.

"그래, 맞아. 이데아를 말한 사람이 플라톤 맞아. 너 이데아에 대해서 외숙모한테 들은 거 있니?"

"음~ 있어. 엄마 말로는 이데아는 변하지 않는 진리를 말한대."

"변하지 않는 진리?"

"응. 플라톤은 이 세상이 모두 이데아를 모방한 것에 지나지 않는다고 말했어."

모방이라……. 팽이의 설명을 좀 더 들으면 사건을 해결하는 데 도움이 될 것 같았다.

"팽아, 아는 거 있으면 다 말해 줘."

자신의 지식을 뽐낼 수 있는 기회를 얻어서인지 팽이가 들뜬 목소리로 설명하기 시작했다.

"플라톤은 이데아의 세계가 있고, 또 그와는 구별되는 현실의 세계가 있다고 했어. 이상과 현실은 완전히 구분된다는 뭐 그런 뜻이야. 쉽게 얘기하면, 이 다락방에 많은 책들이 있는데 이것들은 다 불완전한 책이야. 완전한 책은 이데아의 세계에만 있어. 그 완전한 책을 책의 이데아라고 불러. 그러니까 여기 있는 책들은 모두 그 책의 이데아를 본뜬 모조품이라고 할 수 있어."

팽이의 말이 너무 어려워서 잘 이해되지 않았다. 그렇다고 누나 자존심이 있지, 모른다고 말할 수는 없었다. 그래서 아는 척하면서 쉬운 예를 찾아 조심스레 되물어 보았다.

"음…… 그렇다면 내가 삼각형을 그리면 그 삼각형도 진짜 삼각형이 아니고 가짜겠네?"

멍청한 질문을 했다고 웃으면 어쩌나 마음속으로 걱정하면서 물었더니 팽이가 맞는 말이라는 듯 고개를 끄덕였다.

"그렇지. 현실에서는 진짜 삼각형을 그릴 수 없어. 왜냐하면 흉내 낸 것에 불과하기 때문이야. 누나는 간단한 선분 하나라도 진짜로 그릴 수 있어?"

"진짜 선분을 그리는 것은……."

팽이의 말투로 보아 불가능하다는 게 정답일 듯했다.

영혼의 눈으로만 볼 수 있는 형상을 말한단다!

"음…… 불가능하지?"

"맞아. 누나가 아무리 가느다란 연필로 선분을 긋는다고 해도 선분의 두께가 생기기 때문에 선분이 될 수가 없어. 선분이 면적을 가지면 그것은 선분이 아니라 사각형이지. 그래서 면적을 가지지 않는 진짜 선분은 이데아의 세계에서만 존재할 수 있는 거야. 그러니까 우리는 이데아의 세계에 있는 진짜 선분과 닮은 가짜 선분을 이 세상에서 그냥 선분이라고 부르고 있는 거야."

설명을 듣다 보니 〈TV쇼 진품명품〉을 보고 있는 듯한 기분이 들었다. 이 세상에 있는 것들이 가짜라니, 정말 충격적인 말이었다.

"그러니까 진짜는 이데아의 세계에 있고, 이 세상은 가짜 모조품으로 가득 차 있다는 말이네?"

"쉽게 말하자면 그런 거지."

우리는 갑자기 조용해졌다. 아마 나처럼 팽이도 이데아에 대해 생각하는 모양이었다.

부스럭대는 소리가 우리를 현실로 끌어 내릴 때까지 팽이와 나는 각자가 생각하는 이데아의 세계를 떠다니고 있었다. 소리가 나는 쪽을 쳐다보니 왓슨이 구석에 놓인 라면 상자 하나를 앞발로 박박 긁고 있었다.

"왓슨, 그만해, 시끄러워."

말귀를 잘 알아듣는 녀석인데 못 들은 척하고 계속 상자를 박박 긁으면서 짖어 댔다.

"그르르릉, 그르르릉, 왈왈왈왈!"

"누나, 상자 안에 뭔가 있는 게 아닐까? 왓슨의 행동이 이상해."

"책뿐일 텐데 뭐. 뿌옇게 먼지 앉은 것 좀 봐."

말은 그렇게 하면서도 나는 상자로 다가갔다. 이데아의 유령 사건은 시작에 불과하고 왠지 앞으로 생각지도 못한 이상한 사건이 계속 일어날 것만 같았다.

상자는 먼지가 뿌옇게 앉아서 왓슨이 긁을 때마다 먼지가 폴폴 날렸다. 내가 가까이 다가가자 왓슨은 더욱 맹렬하게 짖으면서 상자를 긁어 댔다.

"팽아, 이리로 와서 이거 좀 같이 뜯자."

팽이와 나는 약간 긴장해서 상자를 봉해 둔 노란 접착테이프를 뜯기 시작했다.

## 다락방에 나타난 이데아의 유령

"아니, 이건?"

먼지로 덮인 라면 상자 속에 들어 있는 것은 '이데아의 유령'이라는 글자가 선명하게 새겨진 앨범 크기의 나무 상자였다.

"뭐가 들었는지 열어 보자."

내가 상자 뚜껑을 열려고 하자 무서운 물체가 튀어나올 것만 같은지 팽이는 왓슨을 번쩍 안고 내 등 뒤로 냉큼 숨었다. 일순간 다락방에 정적과 긴장이 감돌았다.

"끼기끽."

녹슨 경첩이 소리를 내며 상자가 열렸다. 마음의 준비를 단단히 하고 있었지만 예상과 달리 아무것도 튀어나오지 않았다. 상자 안에는 정육면체의 나무토막 하나가 덩그러니 놓여 있었다. 조심스레 나무토막을 집어 들고 자세히 보니 여섯 면에 서로 평행한 두 면씩 같은 글씨가 새겨져 있었다.

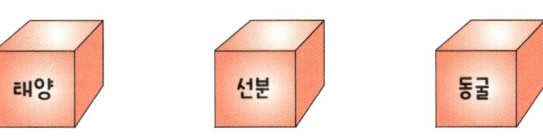

"이 글씨들이 이데아의 유령과 관계 있는 것이 틀림없어."
"주사위처럼 생겼는데 한번 굴려 볼까?"
팽이가 대뜸 나무토막을 낚아채서 내가 미처 말릴 틈도 없이 바닥에 던져 버렸다.
"앗, 안 돼!"
함부로 던지면 안 될 물건 같았는데 이미 때는 늦었다. 나는 데굴데굴 굴러가는 나무토막을 잡으려고 쫓아갔다.
"주사위를 굴린 게 네놈이냐?"
나무토막을 집으려고 몸을 숙이다가 갑자기 들리는 메마른 목소리에 고개를 번쩍 들었다.
"으악, 귀신이다!"

"크르릉, 왈왈왈왈, 크르르릉, 왈왈왈왈."

팽이와 왓슨은 혼비백산이 되어 내 뒤로 숨었다. 나는 입만 벌린 채 아무 말도 할 수 없었다. 가면 속의 날카로운 눈이 우리를 쏘아보고 있었다. 우리 앞에 나타난 귀신은 얼굴을 가면으로 가린 남자였다.

잠시 정적이 감돌았다. 가면을 쓴 남자가 우리를 해칠지도 모른다는 생각에 온몸이 무섭게 떨렸다.

그러나 나는 설! 록! 홈!이었다. 팽이와 왓슨의 보호자

이고 철학수사대의 대장이다. 게다가 이 무서운 가면 인간은…… 어쨌거나 우리 집에 찾아온 손님인 만큼 예의를 갖춰야 했다. 무거운 침묵을 깨고 나는 가면 인간에게 인사를 건넸다.

"누구세요?"

가면 인간은 아무런 대답도 하지 않았다. 다시 정적이 흘렀다.

"누나…… 무서워……."

"그르르릉…… 그르르릉……."

한참을 쏘아보기만 하던 가면 인간이 드디어 입을 열었다.

"난 이데아의 유령이다."

## 이데아의 세계로 가다

'으악!'
'앗!'
'깨갱!'

가면 인간의 말에 우리 셋은 너무 놀라 그 자리에 얼어붙어 버렸다. 문제의 이데아의 유령을 다락방에서 만나다니!

아직도 이 사태가 이해되지 않아 나는 멍청한 질문을 다시 던졌다.

"어떻게 오셨어요?"

"……."

나의 질문에 대답도 하지 않고 묵묵히 바라보고만 있던

이데아의 유령이 갑자기 웃음을 터트렸다.

"하하하! 재미있는 아이로구나. 그런데 주사위는 너희들 중 누가 굴린 게냐?"

나는 팽이를 째려보았다.

"제가 굴렸어요……."

팽이가 쭈뼛쭈뼛 오른손을 들며 말했다.

"음, 그 주사위를 굴리면 나는 어쩔 수 없이 나타나야만 한다. 내가 유일하게 꼼짝 못 하는 약점이지. 그러나 이렇게 한 번 나타나면 앞으로 백 년 동안은 다시 나타날 수 없게 된다. 그 점을 명심하도록!"

갑자기 나타난 이데아의 유령에 당황했던 우리는 조금씩 정신이 들자 조금 전의 속보가 생각났다. 우리의 생각을 눈치챘는지 가면 인간이 먼저 말을 꺼냈다.

"이젠 너희들도 알고 있겠지? 그래, 정의는 찾았느냐?"

"아니요."

팽이와 내가 동시에 대답했다. 왓슨은 눈만 말똥말똥 뜨고 있었지만 녀석도 지금 벌어지고 있는 사건을 이해하고 있는 것이 틀림없었다. 결국 이데아의 유령을 찾아낸 것은 왓슨이니까 말이다.

"시간이 별로 안 남았을 텐데, 어쩌지? 그렇다고 내가 도와줄 수도 없고 말이야. 하하하!"

순간 머릿속을 스치고 지나가는 생각이 있었다.

"잠깐만요, 주사위를 굴리면 반드시 나타나야 된다는 것 말고 다른 일은 없나요?"

나의 기습 질문에 가면 인간이 당황한 기색을 보였다.

"맞아, 맞아. 대장, 보통 이런 때 보면 자신을 불러낸 사람의 소원을 들어줘야 된다거나 뭐 그렇지 않아?"

"그렇지. 어때요, 이데아의 유령?"

"끄응…… 소원을 들어줄 수는 없고 만약 불러낸 사람이 원한다면 이데아가 무엇인지 가르쳐 줘야 할 의무는 있다. 어때, 너희들은 이데아에 대해서 들을 마음이 있느냐?"

"잠시만 시간을 주세요. 우리끼리 회의를 해야겠어요."

우리는 머리를 맞대고 이데아에 대한 설명을 들을지 말지 의논했다. 갈 길이 멀기 때문에 마음이 급했지만 '지피지기면 백전백승'이라 하지 않았는가. 이데아의 유령을 이기

려면 이데아가 무엇인지 알아야 했다. 결국 우리는 이데아에 대한 설명을 듣기로 결정했다.

"이데아의 유령, 당신에게 이데아에 대한 설명을 듣겠어요."

"음, 좋다. 그럼 너희를 잠시 이데아의 세계로 데려가겠다."

말을 마친 가면 인간이 갑자기 바닥에 쪼그리고 앉아서 손가락 끝으로 바닥을 더듬기 시작했다. 우리는 긴장한 채로 무엇인가를 찾는 듯한 그의 행동을 쳐다보았다. 이곳에 이데아의 세계로 통하는 비밀 통로가 있나 보다……. 이 다락방이 그렇게 대단한 곳이었단 말인가. 놀랍고 흥분되는 순간이었다. 한참 동안 먼지가 잔뜩 쌓여 있는 바닥을 여기저기 더듬던 가면 인간이 드디어 입을 열었다.

"먼지가 너무 많아서 찾을 수가 없잖아. 청소 좀 해."

그러고는 벌떡 일어나더니 황당해하는 우리 앞을 지나 계단으로 걸어 내려갔다.

"뭐야, 그냥 걸어가는 거야?"

"그렇담 우리도 가야지."

투덜대는 팽이의 등을 밀어 앞장세우고 나도 계단을 따라 내려갔다. 오늘만 해도 벌써 몇 번씩 오르내렸던 계단이었다. 내려가면 분명히 2층 내 방이 나올 것이다. 그런데 우리가 모두 계단을 내려갔는데도 내 방이 보이지 않았다. 뒤를 돌아보니 계단은 어느새 사라지고 없었다.

    우리 모두 이데아의 세계에 온 것이다.

## 태양의 방

"여기가 너희에게 보여 줄 수 있는 이데아의 세계다."
주위에는 아무것도 없었다.
"누나, 뭐가 보여? 나는 아무것도 안 보여."
팽이가 귓속말로 물었다.
"나도 안 보여."
적어도 우리 눈에는 아무것도 보이지 않는 게 확실했다.
"아무것도 안 보이는데요?"
"그거야 당연하지. 이데아는 눈으로 볼 수 있는 것이 아니야. 이데아는 감각이 아니라 이성으로 볼 수 있어. 옳게 판단하고, 무엇이 아름다운지 추한지, 진실인지 거짓인지,

좋은 것인지 나쁜 것인지 알 수 있는 능력을 이성이라고 하지. 바로 그 이성으로만 이데아를 볼 수 있어."

말을 마친 이데아의 유령은 허공에 대고 문을 여는 시늉을 했다.

"자, 들어와라."

갑자기 주위에 밝은 빛이 가득해졌다. 문이 보이지는 않았지만 우리도 가면 인간을 따라 빛 속으로 들어갔다.

처음에는 눈이 부셔서 잘 보이지 않았다. 곧 환한 빛에 적응되어 주변이 조금씩 눈에 들어왔다. 하늘에서 밝은 빛이 쏟아져 내리면서 볼 수 있게 된 것이었다.

"어? 정의닷!"

팽이가 소리쳤다. 우리가 제일 먼저 본 것은 '정의'였다. 그리고 '진실' '사랑' '평화' '믿음' 등등 우리가 중요하게 여기는 것들이 차례로 보였다.

"우리가 중요하게 여기는 것들이 보여요."

내 말을 듣던 가면 인간이 고개를 끄덕이며 이야기를 시작했다.

"그래, 잘 아는구나. 지금 보이는 것들은 우리가 중요하게 여기는 것들의 이데아지. 이것들을 어떻게 볼 수 있게 되

었는지 알겠니?"

"저기 저 빛이요! 이 방에 들어온 뒤 빛이 비추자 보이기 시작했어요."

팽이가 똑 부러지게 대답했다.

"맞다. 마치 너희가 태양 때문에 여러 가지 물건들을 눈으로 볼 수 있는 것과 마찬가지로 너희들이 이데아를 볼 수 있게 비추는 빛이 있다. 그것을 선의 이데아라고 한다. 이 빛은 바로 선의 이데아로부터 나온다."

"선의 이데아? 좋을 선(善)이면 좋은 이데아라는 말이에요?"

내가 한자 실력을 발휘해서 물었다.

"그래, 철학수사대가 바보들의 모임은 아닌 모양이구나. 방금 팽이가 말한 대로 가장 좋은 이데아, 다시 말해 이데아 가운데서 가장 높은 이데아를 선의 이데아라고 한다. 모든 이데아들은 가장 높은 선의 이데아를 닮으려고 하지. 가장 높은 곳에서 이데아들을 비추고 있는 선의 이데아 때문에 우리는 이데아들을 볼 수가 있단다."

가면 인간이 매우 만족스러운 듯 웃으며 대답했다.

"우아, 이 방에는 이데아가 가득 있어요. 아까보다 더 많이 보여요. 이데아는 모두 몇 개나 있을까요? 만 개? 십만 개?"

팽이가 주위를 둘러보며 물었다.

"만 개, 십만 개라고? 허허, 네가 아직 이데아에 대해 잘 모르는구나. 이 세상 모든 것에는 저마다의 이데아가 있다. 머리카락의 이데아, 진흙의 이데아, 심지어 먼지의 이데아도 있다. 삼각형, 사각형, 원의 이데아도 있고, 책상, 갈색, 분홍색, 검정색의 이데아도 있다. 이것들 모두 이데아가 있다면 이 세상에 존재하는 이데아는 모두 몇 개나 될 것 같으냐?"

두 눈이 동그래진 우리는 어깨를 으쓱하며 셀 수가 없겠다는 표정을 지어 보였다.

"그래, 그 셀 수 없이 많은 이데아들이 선의 이데아를 닮고자 한다. 인간의 삶 또한 선의 이데아를 닮아 가는 것이 가장 가치 있다."

설명을 듣던 팽이가 고개를 갸우뚱거리면서 물었다.

"그럼, 이데아들 사이에도 등급이 있다는 말인가요?"

"음, 제법이구나. 이제 다른 방으로 갈 때가 된 것 같다. 따라오너라."

아까와는 달리 출구가 또렷이 보였고 문에는 '태양의 방'이라고 쓰여 있었다.

"음, 이 방이 태양의 방이었구나. 태양처럼 선의 이데아가 모든 이데아를 비추어 우리가 볼 수 있다는 것을 알게 해 준 방이었어."

내 말에 팽이가 덧붙였다.

"누나, 지금 우리가 배운 것이 유명한 '태양의 비유'란 거야."

우리는 태양의 방을 나와서 '선분의 방'이라고 쓰여 있는 문 앞에 섰다.

## 선분의 방

"여기는 선분의 방이다. 수학 시간에 선분 위에 숫자들을 순서대로 나열하는 것을 배웠겠지?"

문 앞에 멈춰 선 가면 인간이 방 안으로 들어가기 전에 물었다.

"그럼요, 수직선 위에 왼쪽부터 오른쪽으로 작은 수부터 순서대로 나열하는 것을 배웠어요. 그치, 누나?"

"응, 맞아. 0을 기준으로 왼쪽에는 음수가, 오른쪽에는 양수가 오잖아."

"자, 그렇다면 저기를 봐라."

가면 인간이 가리키는 곳을 쳐다보자 커다란 칠판이 하

나 보였다. 칠판 위에는 기다란 수직선이 그려져 있었다.

"아까 팽이가 물었지? 이데아들 사이에도 등급이 있냐고."

"네, 선의 이데아가 최고의 이데아라면 그보다 아래 등급의 이데아들이 있다는 거잖아요. 그렇죠?"

"그렇다. 진흙, 먼지, 침대와 같은 구체적인 것의 이데아와 정직, 아름다움, 진실과 같은 추상적인 것의 이데아는 등급이 다르지. 구체적인 사물의 이데아보다 추상적인 것의 이데아가 좀 더 높은 등급을 가진단다."

"그건 도대체 누구의 생각인가요?"

나의 질문에 이데아의 유령이 흠칫 놀랐다.

"그, 그게 누구의 생각인지가 뭐 그리 중요하니? 하하하. 자, 저기 그려진 수직선을 자세히 좀 볼까?"

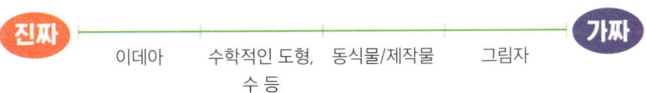

"이 순서는 진짜에 가까운 순서야. 첫 번째와 두 번째가 이데아의 세계에 속하는 것들이다. 아까 말한 것을 기억하는지 모르겠다만, 눈으로 볼 수 있는 것이 아니라 머리를 써

서 알 수 있는 것들이다. 알겠니? 그 가운데 생각으로 알 수 있는 이데아가 진짜로서 가장 높은 것이라면 그 다음은 삼각형, 원과 같은 수학적 혹은 기하학적인 것이야. 너희들 홀수, 짝수 알지? 삼각형이나 사각형도 알 거야. 사람들은 이런 것들을 모두가 이미 다 알고 있다고 가정해 버리기 때문에 남에게 굳이 설명할 필요가 없다고 생각해. 실제로는 완전한 진짜 삼각형을 그려 본 적도 없으면서 말이야. 삼각형을 말하려고 할 때는 눈앞에 그려 놓은 삼각형을 가지고 말하지 않고 머릿속에 있는 완전한 삼각형, 바로 삼각형의 이데아를 가지고 말하지. 그런 도형이나 숫자가 바로 이데아의 바로 아래 단계에 있는 것들로 추론을 통해 알 수 있어."

가면 인간은 팽이가 했던 것과 같은 얘기를 하고 있었다.

"아, 그러니까 우리가 서로 안다고 생각하는 삼각형이나 사각형은 여기 이데아의 세계에 존재하는 것이고, 우리가 노트 위에 그리는 삼각형, 사각형은 이 이데아의 세계에 있는 것을 본뜬 것이라는 얘기죠? 다시 말해 가짜 삼각형과 사각형, 맞죠?"

아까 팽이가 해 준 설명이 큰 도움이 되었다. 가면 인간이 하는 어려운 얘기가 제법 잘 이해되었다.

"그래. 그리고 세 번째와 네 번째가 바로 저 아래 세계, 그러니까 너희들이 사는 세계에 속하는 것들이지. 이것들은 모두 눈으로 볼 수 있어. 저기 저 강아지처럼 말이야."

가면 인간이 갑자기 손을 쭉 뻗어서 왓슨을 가리켰다.

"왈왈, 왈왈."

"눈에 보이는 저 강아지는 바로 세 번째에 속해. 노트에

그린 삼각형도, 목수가 만든 침대도 다 세 번째 실물에 속하지."

"음, 그럼 네 번째는 이 실물들의 그림자나 영상이란 말이죠? 내 등 뒤로 따라오는 그림자나 불빛에 비쳐 벽에 드리운 그림자, 그리고 내가 미술 시간에 그리는 정물화 같은 것들이 네 번째에 속하는데 가장 가짜라는 얘기죠, 맞죠?"

잠자코 듣고 있던 팽이가 오랜만에 입을 열었다. 가면 인간의 표정을 보니 똑똑한 우리 철학수사대에게 감탄하는 것 같았다.

### 네 생각은 어때?

옳게 판단하고, 무엇이 아름다운지 추한지, 진실인지 거짓인지, 좋은 것인지 나쁜 것인지 알 수 있는 능력을 이성이라고 해요. 플라톤은 오로지 이성으로만 이데아를 볼 수 있다고 했어요. 그렇다면 플라톤이 말하는 이데아란 무엇일까요? 여러분은 플라톤의 이데아론에 대해 어떻게 생각하나요? 플라톤이 말한 이데아의 정의와 여러분의 의견을 들려주세요.    ▶풀이는 177쪽에

"아직 어린데도 이런 어려운 이야기를 잘 이해하는구나. 너 말이야, 내 제자로 있으면서 여기서 살지 않을래?"

"네? 싫어요!"

우리는 거의 동시에 화들짝 놀라며 싫다고 대답했다. 나는 똑똑한 체 그만하라고 팽이 녀석의 옆구리를 쿡 찔렀다. 혹시라도 가면 인간이 팽이를 이데아의 세계에 잡아 둘까 봐 무서웠다.

우리는 선분의 방을 나와서 마지막 방인 '동굴의 방'으로 들어갔다. 문을 열고 들어선 우리는 깜깜한 어둠에 휩싸였다.

## 동굴의 방

"쿵!"

"어이쿠!"

"깨갱깨갱!"

갑자기스러운 어둠에 적응되지 않은 우리는 동굴의 방에 들어가자마자 서로 부딪쳤고, 그 바람에 그곳은 아수라장이 되었다.

"아휴, 너무 깜깜한데, 여기 불 좀 켜 주세요."

"치직, 치지지직……."

가면 인간이 열심히 부싯돌을 치고 있는지 불꽃이 번뜩번뜩 일어났다.

"팟!"

기름 냄새가 코 속 가득 퍼지는 동시에 횃불에 불이 붙어 주위가 환해졌다.

"여기는 동굴의 방이다. 여기에서 너희들이 살고 있는 세계가 얼마나 무식한 곳인지 알 수 있을 게다. 나를 따라오너라."

가면 인간은 우리를 동굴 깊숙이 끌고 들어갔다. 좁은 동굴에는 으스스 찬 기운이 감돌아 우리는 조금이라도 따뜻하게 하려고 서로 몸을 딱 붙인 채 걸어갔다. 그렇게 따라 들어간 지 한참 지났을까. 동굴 안쪽에서 웅성거리는 사람들의 소리가 들렸다.

"쉿, 저게 무슨 소리죠?"

걸음을 멈추고 가면 인간의 옷자락을 잡아당기며 물었다.

"이 동굴은 죄수들을 가둬 놓은 감옥이다. 아, 그렇다고 무서워하지는 마라. 죄수들은 절대 너희들을 볼 수 없다. 뒤를 돌아볼 수 없도록 머리가 고정되어 있기 때문이지. 평생 한쪽 벽만 바라보면서 지내고 있어. 자, 거의 다 왔다."

웅성거리는 소리가 더 크게 들리는 것을 보니 감옥 입구에 다다른 것 같았다. 잠시 뒤 수백 명의 죄수들이 머리와 몸이 고정된 채 앉아서 원형의 감옥 벽면을 쳐다보고 있는 광경이 눈앞에 펼쳐졌다. 이곳이 감옥의 한복판인 것 같았다. 둥그런 감옥은 복판에 널따란 광장이 있었고, 빙 둘러 열 개 정도의 방에 죄수들이 가득 차 있었다. 죄수들을 감시하기에 좋은 구조였다. 갑자기 낯선 사람들의 목소리가 들리자 그들 사이에서 한바탕 소란이 일어났다.

"나 좀 꺼내 줘요! 이 벽만 쳐다보고 있자니 돌아 버릴 것

같아!"

"이봐요, 여기, 여기 좀 가까이 와요. 이것 좀 풀어 주구려. 10년째 이러고 있으니 머리가 너무 아프오. 이봐요, 이것 좀 풀어 줘요."

갑자기 죄수들이 비명을 지르기 시작했다.

"으아악!"

"괴물이닷! 괴물이 우리를 잡아먹으러 왔나 봐!"

괴물이란 소리에 깜짝 놀라서 소리 나는 쪽을 쳐다보니, 세상에 정말 괴물이 있었다.

"저게 뭐야?"

벽면에 괴물의 그림자가 파도치듯 어른거리고 있었다. 털이 부스스한 형체에 네 발로 정신없이 뛰어다니는 괴물의 그림자를 보고 뒤를 돌아보니 왓슨이었다. 횃불에 비쳐 길게 늘어지고 크게 확대된 왓슨의 그림자는 정말 괴물의 그림자처럼 보였다.

"세상에, 왓슨! 가만있어!"

왓슨을 움직이지 못하도록 한 뒤 놀란 죄수들을 진정시키려고 애썼다.

"여러분! 저건 괴물이 아니에요. 제 친구 왓슨이라고, 두 살 된 강아지예요. 진정하세요. 여러분을 해치지 않습니다."

"웃기지 마! 괴물을 친구라고 하다니, 너도 괴물인 게 틀림없어! 우리를 살려 줘! 제발 저리 가."

그랬다. 죄수들은 오로지 불빛에 비쳐 벽에 드리운 우리의 그림자만 볼 수 있었다. 그렇기 때문에 그림자만으로 모든 것을 판단할 수밖에 없었다. 우리는 하는 수 없이 서둘러 그곳을 떠났다. 묵묵히 앞장서 가던 가면 인간이 말했다.

"어떠냐? 아까 그 죄수들을 보면서 무엇을 느꼈느냐?"

"불쌍하네요. 저렇게 앞만 바라보고 갇혀 있어야 하다니."

팽이가 힘없이 대답했다. 아마 속으로 앞으로 착하게 살아야겠다고 다짐했을 것이다. 사실 나도 죄수들의 끔찍한 모습을 보고 큰 충격을 받았다.

"지은 죄에 대한 벌로 저렇게 갇혀 있는 것이니 나도 어쩔 수 없다. 그런데 아까 왓슨의 그림자를 보고 괴물이라고 소리치던 모습에서 뭔가 느낀 게 없느냐?"

나는 사실 그들이 바보 같다는 생각이 들었다. 실제로 보면 조그마한 강아지일 뿐인데 그 그림자에 놀라서 괴물이라고 소란을 피우다니……. 이런 내 생각을 읽었는지 가면 인간이 나를 쳐다보며 말을 이었다.

"이렇게 한번 생각해 보자. 아주 어렸을 때부터 저 동굴에 갇힌 죄수가 있다고 말이야. 죄수는 가끔씩 방문하는 사람들이 가지고 오는 돌이나 나무, 나무로 만든 조각상 등을 벽에 비친 그림자로만 보아 왔다. 그래서 그것들이 진짜 모습이라고 믿게 되었지. 어느 날 인형 극단이 위문 공연을 하러 왔어. 죄수는 벽에 비친 인형들의 움직임을 진짜 사람들의 모습이라고 착각했지. 어때? 충분히 가능한 일이지?"

"네, 그럴 수 있죠."

"그런데 말이야, 어느 날 한 죄수를 묶고 있던 포박이 풀렸어. 동굴 밖의 밝은 세상으로 나오게 된 거지. 처음 동굴 밖으로 나온 죄수는 어땠을까?"

"어렸을 때부터 동굴 속에 있었는데 당연히 환한 빛 때문에 눈을 제대로 뜰 수 없었을 거예요. 안 그래, 누나?"

"응, 그럴 거야. 극장에서 영화를 보고 나올 때도 눈이 부신걸."

"맞다. 그리고 그림자들이 아닌 그림자들의 실제 모습들을 보고 혼란스러워했지. 그러나 시간이 지나면서 점차 밝은 세상에 적응하게 되고, 그림자의 세계가 가짜이며 바로 이곳이 진짜 세계임을 깨닫게 되었지. 죄수는 자신이 깨달

은 사실을 불쌍한 다른 죄수들에게도 알려 주려고 감옥으로 돌아갔어. 죄수들에게 그동안 자신들이 그림자로 본 것은 가짜이며, 밖에는 환한 빛의 세계가 있고, 그곳에 그림자의 본모습인 실체가 있다고 말했지."

"믿지 않을걸요. 아마 미친 사람 취급을 받았겠죠."

조금 전에 왓슨은 강아지라고 말했는데도 나까지 괴물로 취급하던 죄수들이 떠올라 씁쓸하게 대답했다.

"그러면 그 죄수들이 눈으로 보는 것이 진짜일까, 아니면 밝은 빛의 세계에 다녀온 죄수가 말한 것이 진짜일까?"

"당연히 빛의 세계를 보고 온 죄수가 말하는 것이 진짜죠."

"그래, 잘 대답했다만, 지금부터 할 얘기에도 동의할지 모르겠구나. 너희들은 어두운 동굴에 갇혀 벽에 비친 그림자를 진짜로 착각하며 살고 있는 죄수와 같다. 어두운 동굴은 너희들이 살고 있는 세계이고, 벽에 비친 그림자는 너희들이 눈으로 보며 진짜라고 말하는 것들이지. 빛의 세계는 이데아의 세계인 셈이고, 감옥에서 탈출해서 잠깐이나마 빛의 세계에 다녀온 죄수는 이데아의 세계를 알게 된 철학자라고 할 수 있다. 빛의 세계에 있는 그림자들의 실체들은 바로 이데아를 뜻하지. 어떠냐? 눈에 보이는 것들을 진짜로 믿고 살아가는 너희들이 불쌍하다고 생각되지 않니? 하하하!"

"당신 말대로라면 인간 세계에서 그나마 현명한 사람은 철학자라는 말인가요? 철학자를 제외하고는 다 감옥에 갇힌 죄수들처럼 바보겠네요?"

우리 인간을 무시하는 듯한 가면 인간의 말투에 기분이 상한 나는 화가 나서 쏘아붙였다.

"그래서 나는 감히 주장한다. 세상의 우두머리는 철학자가 되어야 해. 그렇지 않으면 모든 것이 뒤죽박죽될 것이다. 철학자가 나라를 다스리면 모든 것이 지혜롭게 운영될 것이다. 류팽이라고 했지? 어떠냐, 팽아, 나와 함께 이데아의 세계에서 살면서 지혜를 배우지 않겠니? 내가 너를 제자로 받아들여 주마. 여기서 나에게 철학을 배우고 10년 뒤쯤 인간 세상으로 돌아가면 너는 세상을 다스릴 수 있는 훌륭한 통치자가 될 거야."

"싫어요!"

"안 돼요!"

"왈왈, 왈왈!"

왓슨과 나는 팽이를 뒤로 숨기고 여차하면 가면 인간을 습격할 태세를 갖추었다.

"이제 우리를 보내 줘요."

"그래, 이 가면 인간아! 보내 달란 말이야! 이건 유괴범이나 할 짓이야!"

우리는 팽이를 빼앗길지도 모른다는 생각에 필사적으로 발악하며 대들었다. 고래고래 악을 쓰는 우리를 향해 가면 인간이 기분 나쁜 웃음을 보였다. 그리고 널따란 옷소매에서 봉투 하나를 꺼냈다. 어떤 술수를 부릴지 알 수 없어 우리는 바짝 긴장한 채 소리를 질렀다.

"가까이 오지 마!"

"우리를 보내 줘!"

가면 인간은 아무 소리도 들리지 않는다는 듯 태연히 봉투에서 하얀 가루를 꺼내더니 손바닥 위에 놓고 우리를 향해 불었다. 팽이와 나, 왓슨은 서로 꼭 끌어안은 채 그대로 의식을 잃었다.

"아……안 돼. 팽이를 데려가지 마……."

### 네 생각은 어때?

플라톤은 이데아를 설명하기 위해 '동굴의 비유'를 들었어요. '동굴의 비유'가 무엇이고, 이를 통해 플라톤은 어떤 말을 하고 싶은지 이야기해 보세요. 플라톤의 주장에 대해 어떻게 생각하는지 여러분의 의견도 말해 보세요.

▶풀이는 180쪽에

## 다시 현실 세계로

"으윽……."

얼굴에 축축한 것이 닿는 느낌이 들었다. 머리가 세게 부딪친 것처럼 멍했다. 무거운 눈꺼풀을 겨우 들어 올리니 내 얼굴을 핥고 있는 왓슨의 모습이 눈에 들어왔다. 순간 가면 인간이 팽이를 빼앗으려던 장면이 떠올랐다.

"팽아!"

소리를 지르며 벌떡 일어나 주위를 둘러보니 가면 인간을 처음 만났던 우리 집 다락방이었다. 그런데 팽이가 보이지 않았다.

"악! 가면 인간! 팽이를 내놔!"

울부짖으면서 바닥을 치는데 바닥이 이상하게 물렁물렁했다.

"악! 누나, 아파! 그 큰 엉덩이로 깔고 앉으면 어떡해! 압사 직전이니까 빨리 비켜."

"엉? 팽아?"

정신을 차리고 보니 팽이가 내 밑에 큰 대 자로 깔려 바닥에 누워 있었다. 뺀질뺀질한 팽이의 얼굴이 그렇게 반가울 수가 없었다.

"아, 정말 다행이야. 나는 가면 인간이 너를 잡아간 줄 알았어."

"나는 누나의 살인적인 몸무게에 눌려 죽는 줄 알았어."

"이제 다시 돌아온 거야? 휴, 어째 꿈만 같다."

바지 주머니 쪽이 불편해서 손을 집어넣어 보니 가면 인간을 나오게 했던 주사위가 들어 있었다.

"이거였지? 백 년 동안은 못 불러낸다고 했으니 어디 한번 굴려 볼까?"

"툭 툭 투루루루."

주사위는 아무 일 없이 데굴데굴 굴러가다가 모서리에 부딪쳐 멈춰 섰다.

"지금이 몇 시일까? 참, 사건은 어떻게 됐지? 누나, 빨리 내려가 보자."

"그래."

우리는 놀라운 일이 벌어졌던 다락방을 내려와 부엌으로 달려갔다. 어머니가 아침에 싸 놓고 가신 김밥이 그대로 있었다. 배가 고팠던 우리들은 김밥을 허겁지겁 먹으면서 텔레비전을 틀었다.

"팟."

지직거리는 텔레비전 화면이 나와 시간을 보니 7월 30일 오후 2시 30분이었다. 아뿔싸, 하루가 지났다. 나는 사무실에 계신 어머니에게 전화를 걸려고 수화기를 들었다.

"류현입니다."

"엄마?"

반가운 어머니 목소리에 울컥 감정이 복받쳤다.

"이런, 우리 예쁜 딸 록홈이구나. 엄마가 바빠서 전화도 한 통 못 했네. 미안하구나. 그래, 너희들은 잘 지내고 있니? 밥은 잘 챙겨 먹고?"

"네, 그럼요. 근데, 엄마, 드릴 말씀이 있는데 사무실로 가도 될까요? 중요한 일이에요. 이데아의 유령과 관계된 일이에요."

"뭐? 이데아의 유령과 관계된 일이라고? 그래, 알았어. 사무실로 나오렴. 왓슨도 데리고 올 거니?"

"네, 시간이 오래 걸릴지도 모르니까 혼자 놔둘 수 없을 것 같아요. 조금 있다 만나요."

전화를 끊은 뒤 우리는 김밥을 마저 먹고 집을 나섰다. 집 앞 정류장에서 경찰청으로 가는 750번 버스에 올라탔다.

"학생, 강아지는 못 태우는 거 몰라?"

"죄송해요. 하지만 지금은 철학수사대가 출동해야 할 때라고요!"

우리 셋은 서로를 쳐다보며 눈을 찡끗했다.

**철학자의 생각**

# 영원히 변하지 않는 절대적 진실, 이데아

### 현실 세계 VS 이데아 세계

플라톤은 이데아를 중요하게 생각했어요. 이데아는 철학, 즉 지혜의 궁극적인 목표입니다. 영원히 변하지 않는 절대적인 진실이 바로 이데아거든요. 10년이면 강산도 변한다는 말이 있습니다. 이렇게 눈에 보이는 현실 세계는 늘 변화해요. 그래서 플라톤은 영원히 변하지 않는 이데아는 현실 세계에 있지 않고 다른 세계에 있다고 말했습니다. 현실 세계와 이데아 세계는 별개라는 말이지요. 현실 세계는 눈으로 볼 수 있는 반면, 이데아 세계는 이성으로 알 수 있다고 했어요.

플라톤이 들었던 세 가지 비유를 들어 이데아에 대해 좀 더 자세히 설명해 볼게요.

첫째, 태양의 비유는 '선의 이데아'를 설명하고 있어요. 햇빛 때문에 우리의 눈이 물체를 볼 수 있는 것처럼, 선의 이데아 때문에 우리의 이성이 이데아를 알 수 있다고 해요. 선의 이데아는 이데아 중에서 최고예요. 이데아 중의 이데아라고 하죠. 모든 이데아는 선의 이데아를 닮아 가려고 해요. 물론 인간의 삶도 선의 이데아를 닮아 가는 것이 가장 가치 있다고 합니다.

둘째, 선분의 비유는 진짜에 가까운 것부터 시작해서 점차 멀어져 가짜에 가까운 것까지 순서대로 가르쳐 주고 있어요. 진짜에 가장 가까운 것이 이데아예요. 이데아의 바로 아래 단계가 도형이나 숫자와 같은 추론으로 알 수 있는 것들입니다. 여기까지는 이성으로 알 수 있는 것이에요. 이보다 더 진짜에서 멀어져서 가짜에 가까운 것은 눈으로 볼 수가 있는 것들이지요. 바로 동식물, 제작물과 그림자가 해당됩니다. 이것들은 가짜에 가까운데, 그림자가 제일 가짜에 가까워요.

### 지혜로운 철학자가 세상을 통치해야 하는 이유

셋째, 동굴의 비유는 눈에 보이는 것만 진짜라고 믿고 있는 인간이 얼마나 어리석은지 설명하고 있어요. 태어날 때부터 감옥에 갇혀 앞만 볼 수 있게 고정되어 있는 죄수들은 벽에 비친 그림자를 진짜라고 믿고 살아가죠. 그런데 그중 한 죄수가 우연히 풀려나와 빛이 가득한 세계에 발을 들여놓게 되면, 처음에는 강렬한 빛 때문에 눈을 뜰 수가 없어요. 그러나 점차 빛에 익숙해지면 그는 진짜라고 믿었던 것이 가짜인 벽에 비친 그림자에 불과하고 빛의 세계가 진짜라는 것을 알게 됩니다. 빛의 세계를 알게 된 죄수는 감옥에 돌아가서 남아 있는 죄수들에게 벽에 비친 것은 가짜이고, 저 밖에 있는 빛의 세계에 진짜가 있다고 설명해요. 하지만 다른 죄수들은 믿지 않는답니다. 여기서 빛의 세계를 보고 온 죄수는 이데아를 알게 된 철학자를, 빛의 세계는 이데아의 세계를 의미합니다. 빛의 세계를 믿지 않는 죄수들은 눈에 보이는 것이 진짜라고 믿는 어리석은 사람들을, 그림자만 있는 깜깜한 감옥은 가짜만 있는 현실 세계를 의미합니다. 현실 세계에 있는 눈에 보이는 것들은 가짜이고, 진짜는 이데아의 세계에 있다는 것이지요. 그래서 플라톤은 진짜인 이데아의 세계를 알고 있는 지혜로운 철학자가 세상을 통치해야 한다고 말했습니다.

## 즐거운 독서 퀴즈

**1** 다음은 플라톤의 이데아론을 설명하는 문장이에요. 맞으면 ○, 틀리면 × 표시를 해 보세요.

❶ 이데아는 변하지 않는 진리이다.  ( )

❷ 이데아는 눈으로 볼 수 있다.  ( )

❸ 이데아 가운데서 가장 높은 이데아를 선의 이데아라고 한다.  ( )

❹ 우리가 노트 위에 그리는 삼각형, 사각형도 이데아이다.  ( )

❺ 눈에 보이는 것을 진짜라고 믿는 인간은 어리석다.  ( )

**정답**

❶ ○  ❷ ×  ❸ ○  ❹ ×  ❺ ○

**2** 록홈이와 팽이, 왓슨은 태양에 방에서 자신들이 중요하게 여기는 것들의 이데아를 봤어요. 이들이 본 것에 모두 동그라미 해 보세요.

| | | |
|---|---|---|
| 질투 | 거짓 | 평화 |
| 정의 | 사랑 | 믿음 |
| 진실 | 갈등 | 배신 |

**정답**

평화, 정의, 사랑, 믿음, 진실

**3** 다음은 '동굴의 방' 이야기에 나오는 비유예요. 서로 비유가 되도록 선을 연결해 보세요.

빛의 세계를 믿지 않는 죄수들 • • 이데아의 세계를 알게 된 철학자

어두운 동굴 • • 이데아

빛의 세계에 다녀온 죄수 • • 인간이 살고 있는 세계

빛의 세계 • • 우리가 눈으로 보며 진짜라고 말하는 것들

벽에 비친 그림자 • • 눈에 보이는 것을 진짜라고 믿는 어리석은 사람들

빛의 세계에 있는 그림자의 실체 • • 이데아의 세계

*힌트 91P, 100P

### 정답

- 빛의 세계를 믿지 않는 죄수들 - 눈에 보이는 것을 진짜라고 믿는 어리석은 사람들
- 어두운 동굴 - 인간이 살고 있는 세계
- 빛의 세계에 다녀온 죄수 - 이데아의 세계를 알게 된 철학자
- 빛의 세계 - 이데아의 세계
- 벽에 비친 그림자 - 우리가 눈으로 보며 진짜라고 말하는 것들
- 빛의 세계에 있는 그림자의 실체 - 이데아

인간의 영혼은 불사불멸이다.
　　　　　　－플라톤

# 3 정의를 찾아라

이제 이 사건은 철학수사대에 맡겨 주세요!
범인은 바로, 너! 하하하, 놀라지 마.
그런데 플라톤이 쓴 『국가』에 사건 해결의 실마리가
있다고? 그럼 얼른 펴서 읽어 봐야지.

## 찾아낸 단서

　수사를 시작한 지 벌써 3일이 지났다. 이제 이데아의 유령과 약속한 시간은 나흘밖에 남지 않았다. 괴편지가 공개된 이후로 이데아의 유령 소식은 들리지 않았다. 경찰과 긴급히 동원된 군인들까지 모두 나날이 늘어나는 범죄와 싸우느라 지쳐 정의를 찾는 데 힘을 쏟지 못했다. 이번 일도 기똥차게 해결하겠다고 각오한 기동찬 경감은 수사에 착수한 지 3일이 지나도록 이데아의 유령의 행방을 알아내지 못하고 있었다. 벌써 3일째 집에도 못 들어가고 뜬눈으로 밤을 새웠다.

　'이거, 난감한데······. IP 추적만으로는 이데아의 유령 위치를 못 찾겠어."

　점심시간이 한참 지났는데도 기동찬 경감은 의자에 깊숙이 앉아 이데아의 유령에 대해 생각하다가 살짝 잠이 들었다.

　그때 우리가 경찰청에 들어섰다. 어머니가 계신 7층 사무실로 갔다가 기동찬 삼촌이 이데아의 유령을 추적하느라 고생하고 있다는 말을 들었다. 어머니에게 그동안의 일을 말씀드리고 어머니와 함께 삼촌 사무실로 갔을 때는 드르렁드르렁 코 고는 소리가 복도까지 들렸다.

　"삼촌!"

　"잡았다!"

　갑자기 소리를 지르며 삼촌이 일어났다. 아마도 꿈에서 이데아의 유령을 쫓던 중이었나 보다.

　"삼촌! 저예요, 록홈이에요. 여기 팽이도 같이 왔어요."

　"아, 이런, 깜빡 졸았나 보구나."

　"삼촌, 이데아의 유령을 찾을 방법이 있어요. 그리고 정의도요."

　나는 두 손으로 책상을 짚고 삼촌에게 얼굴을 가까이 대면서 말했다.

"뭐라고? 아니, 그, 그, 그게 정말이니? 어, 어, 어서 말해 봐."

그동안 얼마나 마음고생이 심했으면 삼촌은 말까지 더듬으며 물었다. 팽이도 갑작스러운 내 말에 놀라서 내가 무슨 말을 할지 한껏 기대하는 눈치였다. 나는 일단 어제 다락방에서 일어난 일부터 이야기했다. 어제 다락방에 갔을 때 왓슨이 이상한 상자를 보고 짖어서 열어 봤더니 그 속에서 주사위가 하나 나왔다, 팽이가 그 주사위를 던지자 가면을 쓴 이데아의 유령이 나타났다, 그래서 그를 따라 이데아의 세계로 가서 태양의 방, 선분의 방, 동굴의 방을 구경했다, 이데아의 유령이 팽이를 제자로 삼고 싶어 해서 유령에게 붙잡히지 않으려고 결사적으로 도망쳤다는 이야기를 약간 과장되게 들려주었다.

"뭐, 그게 정말이야?"

"네, 누나 말이 맞아요. 이게 그 주사위예요."

팽이가 내민 손에는 두 면씩 태양, 선분, 동굴이라고 새겨진 주사위가 놓여 있었다.

"음…… 이제 이 주사위를 굴려도 이데아의 유령은 부를 수 없다는 거지? 아, 안타깝구나. 내가 그 자리에 있었으면 좋았을 텐데…….”

"너무 실망하지 마세요, 삼촌. 다 방법이 있으니까요."

내가 자신감에 차서 큰 목소리로 말하자 아쉬운 듯 주사위를 굴리던 삼촌이 눈을 빛내며 물어보았다.

"맞아. 아까 방법이 있다고 했지? 그래, 록홈아, 그 방법이 뭐냐?"

나는 어깨를 으쓱하며 입을 열었다.

"이데아의 유령을 따라 이데아의 세계에 갔을 때 발견한 것이 있어요. 팽아, 하나 물어볼게. 이데아에도 등급이 있다는 유령의 말을 기억하니?"

"응, 기억나. 내가 유령에게 질문했잖아. 선분의 방에서 자세한 설명도 들었고."

"좋아."

나는 잠깐 숨을 고르고 말을 이어 갔다.

"삼촌, 저는 처음에는 이데아의 유령이 세상의 질서를 어지럽히려는 괴물인 줄 알았어요."

"아니, 그럼, 그게 아니란 말이니?"

옆에서 잠자코 듣고 있던 어머니가 깜짝 놀라 물었다.

"네, 아니에요. 이제부터 제 얘기를 잘 들어 보세요. 이

데아에 대해 말한 플라톤은 아리스토텔레스와 같은 걸출한 제자들을 많이 배출했잖아요. 플라톤의 사상은 워낙 급진적이어서 그의 제자들도 받아들이기 힘들어했어요. 특히 아리스토텔레스는 자신의 스승인 플라톤의 이데아론을 정면으로 공격했어요. 이데아의 세계와 현실의 세계가 분리되지 않았다고 주장했죠. 그런데 이데아의 등급을 주장한 플라톤은 사람들에게도 영혼의 종류에 따라 등급이 있다고 했어요. 가장 높은 등급인 금의 영혼을 가진 자가 철학자인데 그들은 나라를 다스릴 사람이고, 은의 영혼을 가진 자는 군인으로 나라를 지킬 사람이고, 철과 동의 영혼을 가진 자는 농부나 장인으로 나라에서 필요한 물건을 만드는 사람이라고 말했어요."

"누나, 그럼 그 플라톤이 이번 사건과 관련이 있다는 거야?"

"응. 이데아의 유령은 바로 플라톤이야."

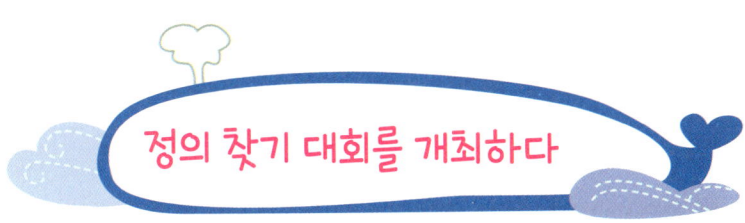

## 정의 찾기 대회를 개최하다

나의 추리에 모두들 한동안 말이 없었다.

"플라톤이 왜 이런 일을 계획한 거지?"

어머니가 차분한 목소리로 물으셨다.

"그건 정의가 사라지는 이 시대에 오히려 정의가 무엇인지 사람들의 관심을 끌 수 있으니까요. 그렇지, 누나?"

팽이가 대신 대답하며 나의 동의를 구했다.

"응, 맞아. 나도 그렇게 생각해. 정의가 무엇인지에 대한 답은 플라톤이 쓴 책에 나와 있을 거야."

"좋아, 그럼 네 말대로 플라톤의 책에서 정의가 무엇인지 찾아야겠다. 이데아의 유령이 플라톤이라면 그가 정의에 대해 어떻게 말했는지 찾아보는 게 좋겠구나."

기동찬 삼촌이 내 말을 납득했는지 플라톤의 책을 찾아보자고 했다.

"대장, 플라톤이 쓴 책 중에 정의에 대해 말하고 있는 것이 뭐야?"

"아마도 그건 『국가』일 거야. 가만있자, 우리 집에도 있을 텐데……."

어머니가 대신 대답했다.

"네, 다락방에 있어요. 며칠 전에 다락방에서 봤어요. 그때는 기게스의 반지 이야기만 읽었는데, 그 책이 맞죠?"

"그래, 맞아. 그 책이야. 좋아, 그럼 정의는 그 책에서 찾는다 치고……. 이제 이데아의 유령, 아니지 플라톤은 어떻게 다시 불러내지?"

"정의를 찾는 대회를 개최하면 어떨까요? 정의를 찾을 만한 사람들이 모두 한자리에 모여서 함께 정의를 찾는 거죠. 신문과 방송을 통해 전 세계에 광고도 내고요. 우리가 정의를 찾을 때 이데아의 유령, 아니 플라톤도 반드시 그 자리에 있을 거예요."

"아니, 어떻게 확신하지?"

    며칠 동안 애썼지만 이데아의 유령 IP를 추적하는 데 실패한 기동찬 삼촌이 지푸라기라도 잡는 심정으로 우리를 쳐다보았다.

    "플라톤이 바로 이데아의 유령이니까요. 우리가 정의의 이데아에 가까이 다가가면 이데아의 유령은 바로 그 자리에 나타날 수밖에 없어요."

    팽이가 자신 있게 말했다.

"아뿔싸! 그것을 몰랐다니……."

기동찬 경감이 자신의 이마를 쳤다. 방문 접수만 받는다는 말에 처음부터 너무 어렵게 접근했다. 사실 정의만 찾으면 되는 문제였던 것이다. 그렇잖아도 시간이 없는데 이데아의 유령을 찾느라 벌써 며칠을 허비해 버렸다.

"이제 남은 시간은 정의를 찾는 데만 집중해야 해. 당장 신문사와 방송사에 연락해서 '정의 찾기 대회'를 개최한다고 광고하게. 장소는 광화문 광장, 일시는 오늘부터 마지막 날까지."

뒤에서 가만히 듣고 있던 어머니 류현 대장이 부하들에게 지시를 내렸다.

"네, 알겠습니다."

나는 잠깐 동안 생각에 잠겼다. 많은 사람들이 광화문 광장에 모여 『국가』에서 정의를 찾는다……. 여러 사람들의 의견을 모으는 데 한계가 있을 것 같았다. 일단 플라톤의 『국가』를 읽어야 하는데 책 내용을 이해하기가 쉽지만은 않기 때문이었다. 지난번 다락방에서 잠깐 읽었을 때 느꼈는데 대학생 언니, 오빠 수준은 되어야 읽을 수 있을 것 같았다. 그러니 그 책을 읽는다고 하더라도 어려워서 주어진 시간 내에 답을 찾지 못할 가능성이 컸다.

"엄마, 잠깐만요. 많은 사람들이 한꺼번에 모여서 정의를 찾으려면 가장 효과적인 방법을 써야 해요."

"그게 뭐지?"

"글을 읽지 못하는 아이들이나 눈이 침침한 할머니, 할아버지 들도 함께 정의를 찾을 수 있도록 연극 공연을 하는 것이 어떨까요?"

"그거 좋은 생각이구나. 그럼 연기는 누가 하지?"

나는 팽이와 왓슨을 쳐다보았다. 우리는 서로 눈을 맞추고 씩 웃었다. 생각이 통한 것이다.

"그건 철학수사대에게 맡겨 주세요."

'정의 찾기 대회' 때문에 광화문 일대에 차량이 통제되었다. 대한민국 국민들이 광화문 광장으로 모여들었다. 뿐만 아니라 전 세계 사람들이 대한민국행 임시 비행기를 타고 인천국제공항으로 속속 입국해서 광화문 광장에 모였다. 시청 앞에는 '정의 찾기 대회 본부'가 설치되었다. 광화문 광장에 모이지 못한 사람들은 대회 본부에 임시로 가설된 전화로 다양한 의견을 냈다.

"여기는 전라도 광준디…… 정의가 뭐시냐면…… 거시

기 바르고 의로운 것 아니겠소?"

"정의 찾기 본부라예? 여기는 대군데예, 정의 사회라카몬, 착한 사람이 대접받고, 못된 사람이 기를 못 펴는 사회 아니라예?"

한편 철학수사대는 공연 준비를 서둘렀다. 나 설록홈은 정의를 찾기 위해 플라톤과 철학 여행을 떠나는 주인공 역할을, 팽이는 철학자 플라톤의 역할을 맡았다. 왓슨은? 혹시라도 우리가 대사를 잊어버릴까 봐 그 녀석에게는 무대 아래에서 대본을 물고 서 있는 프롬프터 역할을 맡겼다. 그리고 십여 명의 경찰들이 연극 공연에 조연으로 참여했다. 배역은 『국가』를 참고하여 정했다. 7월 31일 저녁 7시, 광화문 광장에서 역사적인 연극의 막이 올랐다. 철학수사대의 공연 장면은 전광판을 통해 전 세계로 생중계되었다.

## 『국가』를 연극 무대에 올리다

연극은 주인공인 나 셜록홈이 정의를 찾아 철학 여행을 떠나는 내용으로 꾸며졌다. 플라톤 역할을 맡은 팽이는 중요한 역할 한 가지를 겸하게 되었다. 팽이의 첫 번째 역할은 주인공인 나를 데리고 여기저기 다니는 여행 안내자 플라톤이다. 두 번째 중요한 역할은 정의를 찾아 떠난 여행에서 만나게 되는 케팔로스, 폴레마르코스, 트라시마코스 등과 설전을 벌이는 소크라테스 역할이다.

플라톤의 『국가』를 보면 위의 세 사람과 정의에 대해 논쟁을 벌이는 사람은 소크라테스이며, 플라톤은 소크라테스의 제자이다. 소크라테스가 사랑하고 아꼈던 제자 플라톤이 소크라테스를 대신하여 정의에 대한 논쟁을 벌이는 것도 재미있겠다 싶어 『국가』의 정의에 관한 이야기에 등장하는 소크라테스를 플라톤으로 바꾸었다.

연극은 『국가』에 나오는 그리스 아테네 피레우스 항구의 축제 장면부터 시작된다.

**제1막 1장** 피레우스 항구 축제

플라톤: 이곳은 그리스의 수도인 아테네의 피레우스 항구란다. 피레우스는 원래 섬이었는데 기원전 5세기경 아테네와 연결되는 성벽이 세워지면서 아테네의 항구가 되었단다. 그러다가 섬 주변으로 모래와 자갈이 계속 밀려와서 쌓이는 바람에 육지와 연결되었지. 아테네와의 사이에 여러 개의 도로도 생겨서 이제는 자동차를 타고 씽씽 달려갈 수 있게 되었단다.

설록홈: 우리나라에 있는 강화도도 그래요. 섬인데 배를 타지 않고도 갈 수 있어요. 강화대교로 육지와 연결돼서 자동차로 갈 수 있어요. 유적지가 많이 남아 있는 것도 비슷하네요.

플라톤: 그렇구나. 나도 록홈이 덕에 강화도를 알게 되었네.

가만있자, 오늘 마침 항구에서 축제가 열린다는데 축제부터 구경할까?

설록홈: 좋아요!

**제1막 2장** 부자 할아버지 케팔로스를 만나다

플라톤: 항구 축제는 재미있었니?

설록홈: 네. 그런데 배도 조금 고프고 다리도 아파요. 좀 쉬었다 가도 돼요?

플라톤: 그럼 되고말고. 케팔로스의 사랑방으로 가면 좋을 거야. 케팔로스는 무기를 팔아서 부자가 된 사람이란다. 자식 사랑이 극진해서 아들인 폴레마르코스를 위해 훌륭한 선생님들을 집으로 자주 초대한단다. 다리 아픈데 걷느라 힘들었지? 이제 다 왔다. 여기야. 오늘도 이 집 사랑방에는 손님들이 많구나. 그런데 록홈아, 너 철학자 소크라테스를 아니?

설록홈: 소크라테스요? "너 자신을 알라."고 말한 유명한 분이잖아요?

플라톤: 맞아, 그분도 여기에 자주 오시던 선생님이시란다. 아, 저기를 보렴. 좀 무섭게 생기고 큰 목소리로 말하는 사람 보이니? 저분이 바로 트라시마코스 선생님이시란다. '정의'에 대해 잘 안다고 말하는 분이지.

케팔로스: 흠흠, 좀 끼어들어도 괜찮을까요?

플라톤: 하하, 되고말고요. 그동안 안녕하셨지요? 오늘은 제가 특별한 손님을 모시고 왔습니다. 대한민국에서 온 설록홈입니다. 록홈아, 이분이 바로 케팔로스 선생님이시란다.

설록홈: 안녕하세요? 전 록홈이에요. 정의가 무엇인지 알고

싶어서 지금 철학 여행을 하고 있어요.

케팔로스: 오냐, 우리 집에 온 걸 환영한다. 이 사랑방은 굉장히 유명하단다. 늘 훌륭한 철학자들로 붐비거든. 네가 제대로 잘 찾아온 것 같다. 그런데 정의가 무엇인지 알고 싶다고 했니? 정의에 대해서라면 내가 대답해 줄 수 있을 것 같구나.

설록홈: 정말요? 정의가 뭔지 그동안 무척 궁금했는데…… 얼른 가르쳐 주세요.

케팔로스: 사람은 나이가 들면 그동안 저지른 나쁜 짓이 자꾸 마음에 걸린단다. 그것 때문에 죽어서 벌 받을까 봐 걱정되는 거지. 그런데 말이야, 나처럼 돈이 많은 부자는 마음이 편하단다.

설록홈: 왜 그런 거예요?

케팔로스: 그야 나는 돈이 많으니까 가난한 사람들처럼 남을 속이려고 하지 않겠지? 또 돈을 빌렸다가 못 갚은 채로 죽는 일도 없을 거야. 이렇게 부자들이 가난한 사람들보다 올바르게 사니까 훨씬 즐겁게 살 수 있는 거야. 자, 어떠니? 재산이 있어야 정의롭게 살 수 있다는 나의 생각이?

설록홈: (고개를 갸우뚱거리며) 맞는 것도 같고…… 틀린 것도 같고…… 잘 모르겠어요. 남을 속이거나 돈을 안 갚는 것도 나쁜 행동이기는 한데……. 그렇다고 반드시 부자만 정의롭게 살 수 있다는 말은 좀 이상해요. 할아버지 말대로라면 세상이 너무 불공평하잖아요.

플라톤: 음…… 내 생각에도 록홈이 말이 맞는 것 같구나. 케팔로스 선생은 '정직하게 말하고 빌린 것을 갚는 것'을 정의라고 생각하는구려. 그렇다면 한 가지 묻

겠소. 정직하고 남한테 빌린 것을 갚는 것이 항상 정의로운 일일까요? 다음과 같은 경우에 대해서는 어떻게 생각하시오? 어떤 친구가 위험한 무기를 당신에게 맡겨 놓았소. 그런데 그 친구가 미쳐 버렸소. 미친 사람이 무기를 가지게 되면 위험하겠지요. 그런데 그 친구가 어느 날 당신에게 무기를 돌려 달라고 한다면 어쩌시겠소? 이런 상황에서는 어떻게 하면 정의롭다고 생각하시오? 정직하게 말하고 돌려주는 것이 정의로운 일이오? 아니면 거짓말을 하고 돌려주지 않는 것이 정의로운 일이오?

케팔로스: 아…… 그럴 경우도 있겠군요…….

설록홈: 위의 경우에는 거짓말을 하고 돌려주지 않는 것이 정의로운 일이겠네요. 그러면 이렇게 다시 정리할 수도 있겠네요. 정직하고 남한테 받은 것을 갚는 것이 항상 정의로운 일은 아니다. 맞나요? 선생님!

**제1막 3장** 친구는 이롭게, 적은 해롭게?

폴레마르코스: 플라톤 선생님, 귀여운 손님과 아주 재미있는 이야기를 나누고 계신 것 같습니다. 실례가 안 된다

면 저도 대화에 끼고 싶습니다.

플라톤: 잘 있었나? 폴레마르코스 군. 얘기에 참여하는 것은 언제든 환영이네. 이 귀여운 동행은 록홈이라네. 우리는 지금 정의가 무엇인지 얘기하고 있다네.

폴레마르코스: 정의라고요? 아주 흥미로운 주제군요. 아, 참, 손님에게 큰 실례를 했군. 먼저 인사를 해야 하는데……. 만나서 반가워요, 록홈 양. 나는 조금 전에 록홈 양과 대화를 나눈 케팔로스 노인의 아들인 폴레마르코스라고 해요.

설록홈: 안녕하세요? 저는 록홈이에요.

폴레마르코스: 정의에 대해서 얘기하고 있었다고 했지? 나도 한마디 거들게. 나는 시인 시모니데스가 올바름(정의)에 대해 한 말이 옳다고 생각한단다. 정의란 각자에게 갚을 것을 갚는 것이야.

설록홈: 각자에게 갚을 것을 갚는 것?

폴레마르코스: 그렇단다. 돈을 빌린 뒤 갚는다는 것과는 조금 달라. 여기서 갚는다는 것은 걸맞은 대우를 해 준다는 뜻이야. 좀 더 쉽게 말하면, 친구는 이롭게, 적은 해롭게 대하는 것이 정의라고 할 수 있지.

설록홈: 친구를 이롭게 한다……. 홍익인간의 뜻과 비슷하네요? 그러면 우리나라가 어디에 있는지는 아세요?

폴레마르코스: (긁적이면서) 미안하지만 잘 모르겠는데?

플라톤: (갑자기 으쓱거리며) 록홈아, 나는 알고 있단다. 대한민국은 아시아 대륙의 동쪽 끝에 있는 고요한 아침의 해 뜨는 나라야. 한반도라고도 하지, 맞지?

설록홈: 우아, 맞아요! 그럼 한반도에 수립된 최초의 국가가 무엇인지도 아시나요?

플라톤: 글쎄, 그건 모르겠구나.

설록홈: 괜찮아요. 저도 얼마 전에 알았어요. 고조선이라는 나라인데 단군왕검이 세웠대요. 그런데 고조선의 나라 이념이 홍익인간이었대요. '널리 인간을 이롭게 한다.'라는 뜻이에요. 어때요, 비슷하죠?

플라톤: 록홈이는 어려운 말도 잘 아는구나. 이념이란 말도 아네.

설록홈: 히히, 사실은 무슨 뜻인지 정확하게는 몰라서 설명은 못 해요. 그러니 물어보지 마세요. 그냥 선생님께서 하신 말을 그대로 따라 한 거예요. 동생들이 모르는 어려운 말을 쓰면서 괜히 잘난 척하고 싶어서요.

플라톤: 허허! 솔직하기까지 하구나. 이렇게 솔직한 대화를 나누어 본 게 얼마만인지……. 그건 그렇고 폴레마르코스, 자네에게 물어볼 것이 있다네. 자네는 친구와 적을 어떻게 구분하는가? 이 세상의 모든 사람들을 친구와 적, 이렇게 두 부류로 나눌 수 있는가?

폴레마르코스: 아, 그건요. 이롭게 해 주어야 할 친구란 바로 좋은 사람을 뜻합니다. 반대로 해롭게 해야 할 적이란 바로 나쁜 사람을 뜻합니다. 물론 겉으로는 좋은 사람처럼 보이는데 실제로는 나쁜 사람일 수도 있어요. 그렇게 되면 우리는 적을 친구로 잘못 알고 이롭게 해 줄 수도 있겠지요. 그래서 친구란 좋은 사람으로 보이고 실제로도 좋은 사람을 뜻합니다. 반면 적은 친구와 반대가 되겠지요.

플라톤: 친구와 적을 좋은 사람과 나쁜 사람으로 나눈다면 모든 사람들을 이 두 부류로 나눌 수 있을 것 같군. 그런데 말이야 폴레마르코스, 아무리 적이라지만 다른 사람을 해롭게 하는 것이 올바른 사람이 할 수 있는 행동일까?

폴레마르코스: …….

플라톤: 상대가 누구든 간에 해를 입히는 것은 정의로운 사람이 할 짓이 아니야. 그보다는 불의한 사람이 할 짓이지. 안 그런가?

폴레마르코스: 제가 미처 거기까지는 생각을 못 했군요.

설록홈: 감사합니다. 두 분 덕분에 저도 많이 깨달았어요. 정의로운 사람이라면 상대가 누구든 간에 해롭게 해서는 안 된다는 것을 배웠어요. 사실 친구들에게는 잘해 주어야 한다고 생각했어요. 하지만 나쁜 사람들에게는 잘해 줄 필요가 없다고 생각했거든요. 그런데 이제는 정의에 대해 좀 알 수 있을 것 같아요. 단순히 정직하고 빚을 갚는 것이나, 각자에게 갚을 것을 갚는 것이나, 친구에게는 좋은 것을, 적에게는 나쁜 것을 돌려주는 것이 정의가 아님을 알게 되었어요. 적이든 친구든 누구도 해치지 않는 사람이 정의로운 사람이라는 것을 확실히 배웠네요.

**제2막 1장** 내가 왕이 된다면……

트라시마코스: 저리 좀 비켜 보시오. 먼 데서 손님이 오신 모양인데 다들 쓸데없는 소리만 늘어놓고 있으니…….

플라톤: 어이쿠, 트라시마코스 선생, 이리로 오시오. 여기서 우리와 함께 얘기를 나누시지요. 참, 록홈이는 처음 만나시죠?

설록홈: 안녕하세요? 저는 대한민국에서 온 록홈이에요. 정의를 찾아서 철학 여행을 하는 중이에요.

트라시마코스: 오냐, 반갑구나. 옆에서 다 듣고 있었단다. 정의를 찾아서 철학 여행을 왔다니 하는 말이다만, 이 사람들하고 계속 얘기해 봤자 아무것도 얻지 못할 거야. 이제부터 내가 정의가 무엇인지 명쾌하게 말해 주마. 잘 들어 보거라. 정의란 통치자의 이익이란다.

설록홈: ……?

플라톤: 트라시마코스 선생, 쉽게 설명해 줘야 알아듣죠. 록홈이에게 너무 어렵게 말씀하고 계십니다.

트라시마코스: 아, 그런가? (록홈을 보며) 미안하구나. 다시 쉽게 얘기해 주마. 통치자란 다른 사람들을 지배하는 사람을 가리키는 말이야. 지배라는 말은 알지? 그리고 이익이란 이롭고 도움이 된다는 뜻이야. 여기까지 이해할 수 있겠니?

설록홈: 네. 그러니까 통치자의 이익이란 말은 지배하는 사

람에게 이롭고 도움이 된다는 뜻이죠?

트라시마코스: 그렇지. 녀석, 제법 똑똑하구나. 그러니까 올바름이란 결국은 지배자에게 이롭고 도움이 되는 것이란 말이지. 록홈아, 네가 살고 있는 대한민국을 다스리는 사람은 누구냐?

설록홈: 우리나라는 대통령이 나라를 다스려요. 예전에는 왕이 다스렸지만…… 요즘에는 5년마다 어른들이 선거를 해서 대통령을 뽑아요.

트라시마코스: 대통령? 새로 생긴 말인가 보네. 나는 왕이 더 친숙하구나. 좋아, 그럼 네가 왕이라고 해 보자. 왕은 모든 백성을 다스리는 힘을 가지고 있지? 그 힘을 권력이라고 한단다. 권력이 없는 사람은 권력을 가진 사람에게 꼼짝 못 하게 되지. 만약에 네가 그런 막강한 힘을 가진 왕이 된다면 너에게 해로운 법을 만들겠니, 아니면 이익이 되는 법을 만들겠니?

설록홈: 좀 더 생각해 봐야겠지만 제게 이익이 되는 법을 먼저 만들 것 같은데요?

트라시마코스: 그래, 바로 그거야. 통치자는 자기에게 이익이 되는 법을 만들지. 그리고 지배를 받는 시민들은

그 법을 지켜야 정의로운 거란다. 시민들이 정의롭게 그 법을 지키면 통치자에게 이익이 되겠지? 그러니 결국 정의란 통치자에게 이익이 되는 것이지. 그래서 나는 정의란 통치자의 이익이라고 주장하는 거란다. 플라톤 선생, 어떻습니까, 내 말이 옳지 않습니까?

플라톤: 그럴듯합니다. 그런데 선생의 주장은 어딘가 잘못되었습니다. 논리적으로 한번 따져 봅시다. 통치자도 실수를 하겠지요?

트라시마코스: 아마도 그렇겠지요. 통치자도 사람이니까 실수를 할 수 있겠지요.

플라톤: 그렇다면 통치자가 실수를 해서 자기에게 이익이 되지 않는 법을 만들 수도 있겠지요. 그러면 이럴 때는 시민들이 통치자의 이익이 아닌 것을 따라야 정의로운 것이 되겠네요?

트라시마코스: ……!

플라톤: 이 점에 대해서는 어떻게 생각하십니까, 트라시마코스 선생. 선생 말에는 분명 논리적인 모순이 있습니다. 이렇게 되면 정의란 결국 통치당하는 사람의 이익이 되니까 말입니다.

**제2막 2장** 진정한 통치자는 자기 이익만 챙긴다?

트라시마코스: 허허, 말장난이 심하십니다. 실수를 하지 않는 진정한 통치자라면 그런 모순은 생기지 않습니다.

플라톤: 진정한 통치자라……. 록홈아, 너는 어떻게 생각하니?

설록홈: 너무 어려워요. 무슨 말씀을 하시는지 잘 모르겠어요. 두 분 다 쉽게 말씀해 주시면 안 될까요?

트라시마코스: 오냐, 알았다. 내가 올바름이란 통치자의 이익이라고 한 것까지는 이해했지? 그런데 플라톤 선생은 통치자도 실수를 하기 때문에 자기에게 이익이 되지 않는 법을 만들 수도 있다고 했어.

플라톤: 네 생각은 어떠니, 록홈아. 내 말이 맞지 않니? 통치자도 사람이니까 언제나 자기에게 이익이 되는 법만 만들 수는 없겠지? 실수로 자기에게 이익이 되지 않는 법을 만들 수도 있지. 그런데 트라시마코스 선생은 진정한 통치자라면 그런 실수조차 하지 않는다고 주장하고 계시는 거야.

설록홈: 아, 이제 이해가 좀 돼요. 잠깐만요. (골똘히 생각하더니 빙긋이 웃으며 말한다.) 그런데요, 진정한 통치자라

면 실수가 아니라 진심으로 시민들의 이익을 생각하는 법을 만들지 않을까요?

플라톤: 오호~ 아주 잘 지적했구나! 트라시마코스 선생, 들으셨죠? 진정한 통치자는 시민들의 이익도 생각할 줄 아는 사람이 아닐까요?

트라시마코스: 끄응…….

플라톤: 이렇게 되면 오히려 지배를 받는 사람의 이익이 정의라는 결론이 나오게 됩니다. 이런! 내가 또 너무 빨랐나? 록홈아, 이해되니?

설록홈: 네, 이해돼요. 진정한 통치자는 시민들의 이익도 생각해서 법을 만들어요. 이럴 경우 시민의 이익이 법이 되겠죠. 정의롭게 이 법을 따른다면 시민에게 이익이 된다는 말이에요. 그래서 통치자의 이익이 아니라 시민의 이익이 정의일 수 있다는 거예요. 제가 제대로 정리한 거 맞나요?

플라톤: 그래, 아주 잘 이해하고 있구나.

케팔로스: (갑자기 대화 중간에 끼어들며) 자, 자, 아무리 유익한 이야기를 나누느라 바쁘더라도 손님 대접을 이렇게 할 순 없지요. 안 그렇습니까, 플라톤 선생님?

플라톤: 어이쿠, 그러고 보니 록홈이가 몹시 배가 고프겠구나. 저도 시장기가 도네요. 허허허! 아니 이건 무슨 냄새입니까? 아주 구수한데요.

케팔로스: 맛있는 냄새가 나지요? 바로 우리 집 자랑거리인 꼬꼬리찌와 갈라마라키아입니다. 어서들 드시지요. 록홈이도 많이 먹으렴. 그리스 음식은 처음이지?

설록홈: 네! 사실 무척 배가 고팠는데, 감사합니다. (오물오물) 참 맛있어요! 이게 꼬꼬리찌인가요? 우리나라 순대하고 비슷하네요! 음…… 이건 갈라마라키아? 오

징어튀김 맛인데요? 우아, 너무 맛있어요!

플라톤: 이번 여행이 잊지 못할 추억이 되겠구나.

**제3막 1장** 정의롭지 못한 사람이 지혜롭고 훌륭한 사람이라고?

설록홈: 맛있게 잘 먹었습니다. 배가 부르니까 아까보다 힘이 나는 것 같아요. 이제부터 선생님의 말씀을 더 잘 이해할 수 있을 것 같아요.

트라시마코스: 나도 배가 부르니 할 말이 더 생각나는구나. 그것참, 어떻게 내 주장과는 정반대의 결론이 나왔지? 이거 원, 두 사람한테 휘말려서 정신이 없어졌나…….

플라톤: 트라시마코스 선생, 그럼 다시 천천히 얘기해 보세요. 나도 먹고 좀 쉬었더니 아까보다 훨씬 여유가 생깁니다그려.

트라시마코스: 록홈이는 아직 어려서 그렇다 치고, 당신은 철학의 대가면서 어찌 그리 순진하시오?

플라톤: 그것참, 이 나이에 순진하다는 소리를 들으니 칭찬인지 욕인지 모르겠소이다. 어찌 들으면 바보라는 소리처럼 들려서 기분이 좋지만은 않소.

트라시마코스: 플라톤 선생, 양치기들이 양을 중요하게 생각

하겠소, 아니면 양보다 자신을 더 중요하게 생각하겠소?

플라톤: 양…….

트라시마코스: 지금 양이라고 말씀하셨소? 천만에요, 자기 자신을 더 중요하게 생각합니다. 통치자도 마찬가지일 게요. 그가 자기 자신보다 통치를 받는 사람들을 더 생각할까요? 양치기와 마찬가지로 자기 자신을 더 생각할 것입니다. 아무리 생각해도 선생님은 너무 순진하신 것 같습니다. 이 점도 분명히 아셔야 합니다. 정의로운 사람보다 불의한 사람이 항상 더 이익이라는 것을요.

플라톤: 어허, 이 사람이 꼬여도 단단히 꼬였구먼.

트라시마코스: 세금 문제만 봐도 그렇습니다. 불의한 사람은 국가를 속이고 세금을 적게 냅니다. 하지만 정의로운 사람은 정직하게 세금을 내기 때문에 항상 더 많이 내게 되지요. 이 경우를 봐도 불의한 사람이 더 이익이지 않습니까?

플라톤: 아니, 하필이면 세금 문제를 가지고…….

설록홈: 세금 얘기를 들으니까 정말 그런 것 같아요. 불의한

사람은 세금을 더 적게 내니까 그만큼 더 이익인 셈이잖아요.

트라시마코스: 록홈아, 너도 그렇게 생각하지? 봐요, 록홈이도 다 알고 있는걸요. 계속 들어 보세요. 조그만 물건을 탐해서 도둑질하다 들킨 사람은 벌을 받고 사람들의 손가락질을 받습니다. 그런데 정말 나쁜 통치자가 시민들의 재산을 모두 강제로 빼앗을 경우를 생각해 보세요. 누가 용기 있게 나서서 통치자를 처벌할 수 있을까요? 아무도 쉽사리 나설 수 없어요. 피해를 당할까 봐 두려워서 전전긍긍할 뿐이지요. 이것만 봐도 결국 불의한 것이 정의로운 것보다 더 강하지 않습니까? 강한 통치자는 시민들의 이익은 생각하지 않아요. 오로지 생각하는 건 자신의 이익밖에 없어요. 그렇기 때문에 정의란 통치자에게만 이익이 되는 것입니다.

플라톤: 아니 그러면 정의롭지 못한 것이 정의로운 것보다 더 높다는 말입니까? 그것참, 이상한 말입니다. 바르게 말하자면, 정의로운 것이 훌륭한 것이고 정의롭지 못한 것이 나쁜 것 아닙니까?

트라시마코스: 천만에요, 아닙니다. 저는 정의는 '순진함'이고 정의롭지 못한 것은 '훌륭한 판단'이라고 생각합니다.

설록홈: 앗, 그런 이야기는 처음 들어요. 정의롭지 못한 사람이 훌륭한 사람이라고요?

플라톤: 록홈이가 놀라잖소. 쯧쯧, 이보시오, 트라시마코스 선생. 내 말을 들어 보세요. 훌륭하고 지혜로운 전문가는 전문가끼리 있을 때 자신이 뛰어나다고 자랑하지 않습니다. 그렇죠? 자신보다 못한 사람들 앞에서나 자랑하지요.

트라시마코스: 그건 그렇소만, 그래서요?

플라톤: 그러나 못되고 지혜롭지 못한 사람은 누구 앞에서건 자랑하려고 합니다. 자기보다 못한 사람뿐만 아니라 비슷한 사람, 심지어는 자기보다 나은 사람 앞에서도 마찬가지입니다.

트라시마코스: 그건 맞는 말입니다. 인정합니다.

플라톤: 그렇다면 정의롭지 못한 사람은 어떻겠소? 누구 앞에서건 자기가 더 뛰어나다고 말하지 않겠소?

트라시마코스: 아마도 그럴 겁니다.

플라톤: 좋습니다. 반면에 정의로운 사람은 자기보다 못한 사람 앞에서만 자랑할 것입니다. 자, 보십시오. 그렇다면 정의로운 사람은 지혜롭고 훌륭한 사람이고, 정의롭지 못한 사람은 못되고 지혜롭지 못한 사람이 되겠지요.

트라시마코스: 그런 식으로 생각한다면 플라톤 선생 말이 옳을 수도 있겠지만…….

플라톤: 록홈아, 좀 전엔 정의롭지 못한 사람이 훌륭한 사람이라고 해서 놀랐지? 나도 깜짝 놀랐단다. 그렇지만

이제 확실해졌지? 정의로운 사람이 지혜롭고 훌륭한 사람이란다. 잘 알아들었지?

설록홈: 네. 트라시마코스 선생님의 말을 들으면서 무척 재미있고 놀랍다는 생각을 했어요. 하지만 저도 정의로운 사람이 훌륭한 사람이라고 생각해요. 아까는 세금을 떼먹는 사람이 훌륭한 사람이라고 생각하니 너무 어처구니가 없기도 했지만 말이에요.

트라시마코스: 아이고! 이거 말로는 두 사람한테 못 당하겠소.

### 제3막 2장 정의롭지 못한 사람이 더 이익이다?

플라톤: 그런데 록홈아, 정의롭지 못한 사람의 이익이 언제나 크다는 것에 대해서는 어떻게 생각하니? 아까 세금 문제가 나왔을 때 그 말에 동의하는 것 같던데.

설록홈: 그건 진짜 그런 것 같아요. 세금을 떼먹는 사람이 훌륭한 사람은 아니지만 세금을 정직하게 내는 사람보다 이익은 더 클 것 같아요.

플라톤: 음, 그렇구나. 그럼 이렇게 한번 설명해 보자. 눈이 나쁜 상태일 때 사물을 잘 볼 수 있을까?

설록홈: 아니요, 안경을 껴야 해요. 안경이 없으면 잘 볼 수

없어요. 아마 더듬거리게 될 거예요.

플라톤: 그래, 보는 것은 눈의 기능이란다. 눈만이 할 수 있고 눈이 제일 훌륭하게 해낼 수 있지. 이제부터 내 말을 잘 들어 보렴. 눈이 훌륭한 상태일 때 눈은 자신의 기능을 훌륭하게 해낼 수 있어, 그렇지? 모든 것은 훌륭한 상태일 때만 제 기능을 훌륭하게 할 수 있어. 이것을 이제 사람에게 적용해서 생각해 보자. 훌륭한 사람은 훌륭하게 자기의 기능을 다하며 살겠지. 반면 나쁜 사람은 잘 살지 못할 거야. 훌륭하게 사는 사람은 훌륭하게 살기 때문에 복을 받고 행복하겠지만 나쁜 사람은 그렇지 못하겠지?

설록홈: 네, 이해돼요.

플라톤: 이쯤에서 트라시마코스 선생, 한 가지만 묻겠소. 정의는 훌륭한 것이고 정의롭지 못한 것은 나쁜 것이라는 데 동의하십니까?

트라시마코스: 거, 왜 자꾸 물으시고 그러시오. 아까 그렇게 결론을 내렸잖소.

플라톤: 그러면 정의로운 사람은 훌륭한 사람이니까 복 받고 행복하겠지요. 록홈아, 행복한 것과 불행한 것 중

어느 게 이득이지?

설록홈: 당연히 행복한 것이 이득이죠.

플라톤: 그래, 그러면 정의로운 사람이 정의롭지 못한 사람보다 더 이득이겠다. 그렇지?

설록홈: 네……. 그러니까 정의로운 사람이 더 행복하니까 더 이익이 된다는 말이네요.

플라톤: 그렇지. 이제 정의가 무엇인지 알겠니?

설록홈: 벌써 끝난 거예요? 글쎄요……. 아직 잘 모르겠어요. 대화를 통해서 정의로운 것이 정의롭지 못한 것

보다 훌륭하고 이익이라는 것은 알게 되었지만, 아직 저에게 '정의란 이것이다.'라고 직접 말씀해 주지 않으셨잖아요.

플라톤: 음, 그 부분만큼은 나도 어쩔 수 없구나. 나의 교육 철학 때문이란다. 답을 가르쳐 주지 않고 대화를 통해 스스로 깨닫게 하지. 일단 지금까지 깨달은 것을 정리해 보면 어떻겠니?

### 네 생각은 어때?

사이버수사대에 전자 우편을 보낸 이데아의 유령은 '정의'가 무엇인지 2주 안에 찾아내라고 협박했어요. 그가 찾아내라고 한 정의는 과연 무엇일까요? 주인공 록홈이는 철학 여행 중 만나게 되는 케팔로스, 폴레마르코스, 트라시마코스를 만나 각각 주장하는 정의에 대해 듣게 되었어요. 그들이 각각 주장하는 정의는 무엇이었나요? 또 여러분은 정의가 무엇이라고 생각하나요? 우리나라에 정의가 있다고 생각하는지도 이야기해 보세요. 만약 우리나라에 정의가 없다고 생각한다면 왜 없다고 생각하는지, 어떻게 하면 정의가 우리나라에 뿌리 내리게 할 수 있는지 그 방법에 대해서도 말해 보세요.

▶ 풀이는 182쪽에

설록홈: 네, 선생님. 쉽지는 않겠지만 지금부터 제 스스로 생각해 볼게요. 알차고 유익한 여행이 되도록 이끌어 주셔서 감사합니다. 안녕히 계세요!

　플라톤의 『국가』를 가지고 각색한 연극은 이렇게 끝났다. 하지만 연극 속에서도 플라톤은 절대 '정의란 무엇이다.'라고 말해 주지 않았다. 하지만 정의의 이데아가 멀지 않은 곳에 있는 듯한 느낌이 들었다. 우리들은 연극이 끝난 뒤 사람들의 의견을 모으기 시작했다. 7월 31일 밤은 그렇게 서서히 저물어 갔다.

**철학자의 생각**

# 플라톤이 꿈꾸는 이상 국가

**철학자가 통치하고 모두가 제 기능을 하는 국가**

　셜록홈과 류팽, 그리고 왓슨은 정의가 무엇인지 좀 더 쉽게 찾기 위해 플라톤의 『국가』 1권을 연극으로 각색하여 무대에 올렸어요. 원래 『국가』 1권에서는 소크라테스가 등장해서 여러 사람들과 대화를 나누면서 정의가 무엇인지 찾는데, 1권이 끝나도록 '정의는 이것이다.'라고 답해 주지 않아요. 대화를 통해서 다른 사람들의 생각이 왜 잘못되었는지 깨닫게 해 주죠. 이런 설명 방식을 소크라테스의 산파술이라고 합니다. 그래서 정의가 무엇인지 알려면 『국가』를 10권까지 다 읽어야 한답니다.

　플라톤의 『국가』는 총 열 권으로 이뤄져 있는데, 여기서 플라톤은 그가 꿈꾸는 이상 국가란 어떤 것인지 말하고 있답니다. 어리석은 민중들이 중우 정치를 하는 국가가 아니라 지혜로운 철학자가 통치하고 모두가 제자리에서 최선을 다해 제 기능을 하는 국가라고 합니다. 플라톤이 주장하는 이상 국가를 요즘에 그대로 적용하기는 힘들어요. 그렇지만 플라톤이 『국가』를 통해 이야기한 정의와 이데아는 배울 가치가 있어요. 이상 국가와 정의, 그리고 이데아가 어떻게 연결되는지 궁금하죠? 먼저 정의와 이상 국가가 어떤 관계인지는 쉽게 알 수 있어요. 정의로운 국가야말로 누구나 꿈꾸는 이상적인 국가니까요. 예나 지금이나, 동양에서나 서양에서나 마찬가지예요. 그런데 아마 이데아와 이상 국가가 어떤 관계인지는 쉽게 눈치 챌 수 없을 거예요.

이데아는 영어로 idea라고 표현해요. 그런데 이것은 '알다' '보다'라는 뜻의 그리스어 idein(이데인)에서 파생된 단어예요. 그래서 이데아는 원래 보이는 것, 아는 것이란 뜻이었어요. 물론 이것은 눈에 보이는 것을 뜻하지는 않아요. 이성으로 보이는 것, 즉 알고 깨닫는 것을 뜻하지요.

### 이데아를 아는 지혜로운 철학자가 통치하는 국가

"너 자신을 알라."는 소크라테스의 유명한 말을 알죠? 인간이 무지해서 자기 자신조차 모른다는 뜻이에요. 소크라테스의 제자인 플라톤도 인간의 무지함, 어리석음 때문에 정치가 혼란스러워지는 것을 보고 지혜를 특히 강조했어요. 그래서 지혜를 사랑하는 철학을 최고로 여겼지요. 이데아는 이성으로 알 수 있는 것이라고 했죠? 철학의 궁극적인 목표가 바로 무지를 깨닫고 이데아를 아는 것이랍니다. 이데아를 아는 지혜로운 철학자가 통치하는 국가가 바로 이상 국가인 셈입니다. 플라톤은 『국가』에서 통치자가 될 자질이 보이는 사람은 어렸을 때부터 특별 교육을 받아 최고의 이데아, 이데아 중의 이데아인 '선의 이데아'를 배워야 한다고 했어요. 이렇게 교육받은 예비 후보들은 50세가 되어서 '선의 이데아'를 알게 되고 비로소 통치자가 될 수 있다고 했답니다.

이제 이해되나요? 정의와 이데아가 플라톤이 꿈꾼 이상 국가와 어떤 관계인지 알겠죠? 그래서 플라톤의 『국가』에 정의와 이데아에 대한 설명이 나온답니다.

## 즐거운 독서 퀴즈

**1** 록홈이와 팽이, 왓슨은 정의를 찾기 위해 플라톤의 『국가』를 연극 무대에 올렸어요. 연극에서 주인공 록홈이는 정의를 찾아 철학 여행을 떠나고, 그 과정에서 여러 사람들을 만나 각자가 생각하는 정의에 대해 듣게 돼요. 록홈이가 만난 사람과 그가 주장한 정의를 서로 연결해 보세요.

폴레마르코스 •             • 통치자에게 이익이 되는 것

케팔로스 •                • 각자에게 갚을 것을 갚는 것

트라시마코스 •            • 정직하게 말하고 빌린 것을 갚는 것

**정답**
• 트라시마코스 - 통치자에게 이익이 되는 것
• 폴레마르코스 - 각자에게 갚을 것을 갚는 것
• 케팔로스 - 정직하게 말하고 빌린 것을 갚는 것

**2** 다음 글에서 설명하는 단어는 무엇일까요?

(                    )

- 영어로는 idea라고 표현해요. idea는 '알다' '보다'라는 뜻의 그리스어 idein(이데인)이라고 하는 동사에서 파생된 단어예요.
- 원래 보이는 것, 아는 것이란 뜻이었어요.
- 이성으로 보이는 것, 즉 알고 깨닫는 것을 뜻해요.

❶ 현실        ❷ 이데아        ❸ 천국        ❹ 감옥

정답

❷ 이데아

**3** 다음은 플라톤의 철학에 대한 내용이에요. 괄호 안에 하나의 낱말을 써 보세요.

플라톤은 인간의 무지함, 어리석음 때문에 정치가 혼란스러워지는 것을 보고 (　　　　)를 특히 강조했어요. 그래서 (　　　　)를 사랑하는 철학을 최고로 여겼지요. 이데아는 이성으로 알 수 있는 것이라고 했죠? 철학의 궁극적인 목표가 바로 무지를 깨닫고 이데아를 아는 것이랍니다. 이데아를 아는 (　　　　)로운 철학자가 통치하는 국가가 바로 이상 국가예요.

정답

지혜

국가란 인간이나 다름없다.
왜냐하면 국가도 인간처럼
가지각색의 성격으로
형성되어 있기 때문이다.

― 플라톤

# 4 플라톤의 부탁

범인은 바로 플라톤!
흐음, 플라톤은 왜 이데아의 유령으로
사람들 앞에 나타났을까?
플라톤이 어떤 말을 하는지 같이 들어 보자고!

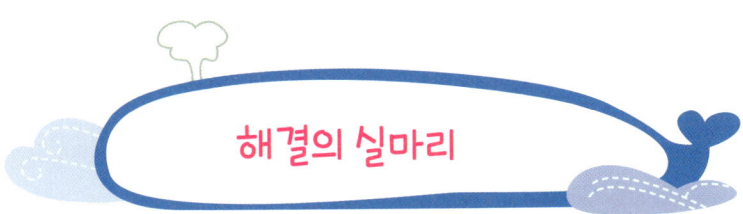

## 해결의 실마리

"지금까지 아주 많은 의견들이 접수되었어요. 연극이 쉬웠던 까닭에 초등학생들도 좋은 의견을 많이 냈답니다."

시청 앞에 설치된 정의 찾기 대회 본부에 모인 우리들은 어머니 류현 대장에게 보고하러 오는 경찰들의 말을 듣고 희망을 가졌다.

"긴장을 늦추기에는 아직 일러. 조금 있으면 8월 1일이야. 약속된 시간이 코앞에 다가왔다는 것을 명심하게."

류현 대장은 잠시라도 긴장을 늦추지 말라는 훈시를 내렸다. 그 말을 듣고 우리도 잠시 흐트러져 있던 기분을 추스르고 피곤한 머리를 식히기 위해 밖으로 나왔다.

"누나, 예전에는 잘 몰랐는데, 이번 사건을 겪으면서 경찰이 없었으면 어떡하나 싶은 생각이 들었어. 우리를 보호하고 어려운 문제를 해결해 주는 모습이 너무 듬직하다, 그치? 나도 커서 경찰이 되고 싶어. 이번 사건만 잘 해결되면 열심히 공부해서 훌륭한 경찰이 될 거야."

"음……! 잠깐만 팽아, 너『국가』좀 들고 나와 봐, 어서!"

"어, 알았어, 대장."

나는 팽이가 한 말에서 실마리를 찾았다. 그 어느 때보다도 이데아의 유령의 존재가 가깝게 느껴졌기 때문에 내 추리에 더욱 확신이 섰다.

"대장, 여기 있어."

팽이에게『국가』를 받아 든 나는 1장을 서둘러 살펴본 뒤 2장을 펼쳤다. 2장에는 정의가 무엇인지 알아보기 위해 이상 국가에 대해 생각해 보고 이상 국가에 필요한 것이 무엇인지 알아보는 내용이 담겨 있었다.

"여기야, 여기! 팽아, 여기를 읽어 봐."

팽이는 내가 손가락으로 가리키는 곳을 읽어 내려갔다.

"어떤 사람이 일을 더 훌륭하게 해내는 것은 한 사람이 여러 가지 직업에 종사할 때가 아니라 한 가지 직업에만 종사할 때이다."

 "아까 네가 경찰이 우리를 보호하고 문제를 해결해 주는 일을 담당한다고 했지? 그 말을 할 때 머리를 스치고 지나가는 생각이 있었어. 플라톤은 영혼에도 등급이 있어서 금의 영혼을 가진 자는 철학자로서 통치하는 일을 하고, 은의 영혼을 가진 자는 군인으로서 나라를 지키는 일을 해야 한다고 했잖아? 그렇다면 플라톤이 생각할 때 가장 이상적인 국가는 사람들이 각자 주어진 역할에 충실할 때 이뤄지지 않을까?"

"맞아! 연극에서도 마지막 장에서 비슷한 말이 나왔던 것 같아. 뭐랬더라. 기…… 맞아, 기능! 눈의 기능은 보는 것이라고 했지. 그래서 모든 것은 훌륭한 상태일 때 제 기능을 훌륭히 발휘할 수 있다고 했어."

"아, 왠지 플라톤이 가까이 있는 것 같아. 가만…… 이걸 정리해 보면, 눈의 기능은 눈만이 할 수 있고, 경찰의 기능은 경찰만이 할 수 있지. 그렇다면 모든 사람에게는 각자 훌륭하게 잘 해낼 수 있는 일이 있을 테고, 자기에게 맞는 그 일을 하는 것이 이상 국가 또는 정의로운 국가를 만드는 길일 거야."

"누나, 맞는 말이긴 한데, 문제는 정의가 무엇이냐는 거잖아."

"어? 그렇지."

## 다시 나타난 플라톤

"녀석들, 기특하구나."

낯익은 목소리에 우리는 흠칫 놀라 뒤를 돌아보았다. 목소리의 주인공은 분명 이데아의 유령, 아니 플라톤이었다. 무서운 가면을 벗은 플라톤은 인자한 할아버지 모습이었다.

"왈왈! 왈왈!"

"아니 당신은…… 이데아의 유령?"

순간 팽이를 제자로 삼기 위해 납치하려 했던 일이 생각나서 우리는 뒷걸음질했다.

"허허허, 무서워하지 마라. 팽이에게 이데아의 세계에서 같이 살자는 말은 농담이었다. 음, 꽤 많이 풀어낸 것 같구나."

이데아의 유령, 아니 플라톤은 밤늦은 시각인데도 불이 환하게 밝혀진 광화문 광장을 바라보며 벅찬 표정을 지었다.

"옆에서 다 지켜보고 있었단다. 처음에는 세상이 너무 뒤죽박죽으로 돌아가는 것을 보고 혼쭐을 내 줄 생각으로 시작했는데, 뒤늦게나마 너희들이 세상을 구하기 위해 똘똘 뭉친 모습을 보고 생각을 바꾸었지. 본부가 어디냐, 본부로 가자."

플라톤을 맞이한 본부는 발칵 뒤집혔다. 이 모든 소란을 일으킨 범인이기도 하지만 위대한 철학자이기도 한 플라톤의 갑작스러운 방문에 놀라지 않을 수 없었다. 플라톤은 광화문 광장에서 연설을 하고 싶다며 본부에 허락해 달라고 했다. 대철학자의 요구는 당연히 받아들여졌다. 플라톤이 광장에서 연설한다는 소문은 삽시간에 퍼졌다. 전 세계의 시선이 광화문 광장에 한 번 더 집중되었다. 광화문 전경을 한눈에 담을 수 있는 전광판에는 연설대에 올라선 플라톤의 모습이 크게 확대되어 비쳤다.

"먼저 이 모든 소동을 일으킨 장본인으로서 전 세계 시민들에게 사과합니다. 2400년 전, 그리스 아테네에서 정의를 부르짖고 사라진 사람이지만 지금의 이 혼란스러운 시대를 그대로 보고 있을 수만은 없었습니다."

차분하면서도 깊이 있는 플라톤의 목소리에 전 세계 사람들은 그의 연설을 숨죽이며 들었다.

"물론 이제는 시간이 흘러서 그런지 제 생각만 절대적으로 옳다고 주장하고 싶지는 않습니다. 그러나 여러분보다 이 세상을 먼저 살다 간 조상으로서, 그리고 학교에서 철학 시간에 배워야 하는 위대한 철학자 중 한 사람으로서 제가 하는 말을 주의 깊게 들어 주시기 바랍니다."

플라톤은 목이 메는지 물을 한 모금 마시고 숨을 가다듬었다.

"저는 무척 혼란한 시대에 살았습니다. 저의 스승인 소크라테스는 그 혼란한 시대에 군중들의 어리석음 때문에 감옥에서 독약을 마시고 돌아가셨습니다. 그런 일을 지켜보면서 민주 정치에 반대하게 되었고, 지혜로운 철학자가 정치하는 것이 가장 좋다는 결론에 이르렀습니다. 그러나 여러분이 알다시피 지금 시대에는 언론의 자유가 보장되고 다양한 정보가 공개되고 있기 때문에 그때와 같은 어리석은 군중들은 없으리라고 생각합니다. 그래서 저의 주장들이 지금 시대에는 맞지 않을 것이라고 판단했습니다."

차분하지만 힘 있는 목소리로 말을 이어 가는 플라톤의 모습에서 위대한 철학자의 위엄이 느껴졌다. 그가 잠시 말을 멈춘 틈을 타 여기저기서 카메라 플래시가 터졌다. 플라톤은 낯선 플래시 빛에 익숙하지 않은지 눈을 찌푸리면서도 계속 말을 이어 갔다.

"이렇게 연설을 자청한 이유는 여러분에게 부탁하고 싶은 것이 있어서입니다. 저는 네 가지 덕을 강조했습니다. 지혜, 용기, 절제, 정의가 바로 그것이지요. 지혜와 용기는 여러분들이 잘 아실 테고, 절제란 욕심이 지나치지 않게 마음을 다스리는 것을 뜻합니다. 먹고 싶은 것, 갖고 싶은 것 참 많지요? 그러나 욕심이 지나치면 서로 더 차지하겠다고 싸우는 통에 질서는 사라지게 됩니다. 통치자에게는 지혜의 덕이, 군인에게는 용기의 덕이, 생산자에게는 절제의 덕이 필요하지요. 제가 옛날에 통치자, 군인, 생산자가 각각 금의 영혼, 은의 영혼, 동의 영혼을 타고난다고 했던 말들은 모두 잊어 주세요. 영혼은 모두 평등하기 때문이지요. 사람은 누구나 소질과 적성을 개발할 의무와 권리가 있고, 그에 따라 어떤 이는 정치가의 길을, 어떤 이는 군인의 길을, 어떤 이는 상인과 농부의 길을 가게 된다는 것을 저도 뒤늦게 깨달았습니다."

자신의 말을 귀 기울여 듣는 사람들을 향해 플라톤은 잠시 멋쩍은 웃음을 지어 보였다. 사람들은 플라톤의 마음을 이해했는지 겸손한 대철학자의 모습에 아낌없는 박수를 보냈다.

### 네 생각은 어때?

플라톤은 무척 혼란한 시대를 살았어요. 그는 군중들의 어리석음 때문에 스승인 소크라테스가 억울한 죽음을 맞은 후 민주 정치에 반대하게 되었고, 지혜로운 철학자가 세상을 다스리는 통치자가 되어야 한다고 했어요. 여러분은 어떤 사람이 통치자가 되어야 한다고 생각하나요? 통치자가 갖추어야 할 자질은 무엇이고, 그러한 자질을 갖추려면 어떤 교육을 받아야 할지 이야기해 보세요. ▶풀이는 184쪽에

## 지혜, 용기, 절제를 조화롭게

"여러분, 이제 각자의 위치에서 지혜, 용기, 절제를 조화롭게 발휘하십시오. 그것이 바로 정의입니다. 정의로운 사회를 이룩하자고 외치셨습니까? 네, 정의로운 사회는 여러분이 정의로울 때 가능합니다. 정치가, 거리의 청소부, 교사, 학생, 은행원, 경찰, 상인, 군인, 공장의 일꾼들, 농부, 어부 등 모든 사람이 각자의 위치에서 직업인으로서, 그리고 집에서는 아버지, 어머니, 아들, 딸로서 지혜롭고 용기 있게 절제하며 사는 것이 바로 정의입니다. 그런 사람들로 이뤄진 나라가 이상 국가이고, 그런 사람들로 이뤄진 사회가 정의로운 사회입니다."

플라톤의 감명 깊은 연설에 모두들 숙연해졌다. 나는 복받치는 감정을 누를 수 없어서 힘차게 박수를 치기 시작했다.

"짝! 짝! 짝!"

내가 박수를 치자 다른 사람들도 하나둘씩 박수를 치기 시작했다.

"와!"

"짝! 짝! 짝! 짝! 짝!"

연설을 마치고 연단을 내려온 플라톤은 조금 지쳐 보였

다. 오랫동안 하고 싶었던 말을 한꺼번에 쏟아 내느라 많이 힘들었을 것이다.

"플라톤 선생님, 너무 감동적이었어요."

팽이가 달려들어 플라톤을 꽉 끌어안았다.

"저를 제자로 삼고 싶으시다는 말씀 아직도 유효하세요?"

"물론 유효하지. 그런데 왜 마음이 바뀐 거냐? 이제는 나랑 같이 이데아의 세계로 가고 싶으냐?"

플라톤이 웃으면서 말했다. 팽이는 고개는 절레절레 흔들었지만 플라톤을 따라 웃었다.

"아뇨, 선생님을 따라갈 수는 없어요. 부모님도 모셔야 되고, 우리나라와 세계를 위해 일도 해야 하고……. 아직 제가 할 일이 많거든요. 하지만 플라톤 선생님의 제자는 되고 싶어요. 원격 통신으로 교육을 받으면 안 되나요?"

"좋은 생각이구나. 인터넷에 홈페이지를 만들어서 제자를 양성하는 방법도 한번 생각해 봐야겠구나. 이름은 내가 세운 학교 이름을 따서 '아카데미아'로 하면 되겠구나."

"좋아요. 인터넷에 홈페이지를 만드시면 연락 주세요. 저희들이 제일 먼저 가입할게요."

"왈왈, 왈왈!"

말을 끝내기도 전에 왓슨이 자기도 끼워 달라며 짖었다.

"하하, 알았어. 왓슨, 너도 가입시켜 줄게. 됐지?"

꼬리를 쉴 새 없이 흔들며 폴짝거리는 왓슨을 쳐다보며 우리 모두는 한바탕 유쾌하게 웃었다. 잠시 뒤 플라톤은 사람들의 환송을 받으며 다시 이데아의 세계로 떠났다. 사건은 그렇게 해결되었고 전 세계에는 다시 평화가 찾아왔다. 그날 밤 우리는 모처럼 아주 평화롭게 깊은 잠을 잤다. 기동찬 삼촌도 그동안의 마음고생에서 벗어나 달콤한 잠에 빠져들었다.

## 네 생각은 어때?

플라톤의 사상은 크게 두 가지로 나눌 수 있는데, 바로 '이데아'와 '이상 국가론'이에요. 플라톤은 각 사물마다 절대로 변하지 않는 것이 있다고 하며 이것을 이데아라고 불렀어요. 이데아는 절대 변하지 않으며 영원하다고 주장하면서 어떤 국가의 모습이 가장 이상적인지도 설명했어요. 플라톤이 말하는 이상 국가에 대해 정리하고, 여러분이 생각하는 이상 국가에 대해서도 이야기해 보세요. ▶풀이는 186쪽에

**철학자의 생각**

# 플라톤이 이상 국가를 그린 이유

**정의란 지혜, 용기, 절제를 조화롭게 발휘하는 것**

플라톤이 말하는 정의란 무엇일까요?

플라톤이 살던 시대는 무척 혼란했어요. 그런 시대 상황 때문에 플라톤이 무척 존경하고 사랑했던 스승 소크라테스는 감옥에서 독약을 마시고 죽었답니다. 그래서 플라톤은 정의로운 사회, 이상 국가를 그렸습니다. 각자가 자신의 위치에서 4주덕(主德) 즉 지혜, 용기, 절제, 정의를 조화롭게 발휘하는 국가입니다. 통치자에게는 지혜의 덕이, 군인에게는 용기의 덕이, 생산자에게는 절제의 덕이 특히 필요하다고 했어요. 그리고 지혜, 용기, 절제를 조화롭게 발휘하는 것이 정의라고 했습니다.

### 플라톤의 철인 통치론

통치자는 누구보다도 지혜로워야 하는데, 지혜는 곧 철학을 의미합니다. 통치자는 선의 이데아를 배우고 닮아 가려고 노력해야 한다고 했습니다. 그래서 플라톤은 철학자가 통치자가 되어야 한다고 했어요. 철학자는 지혜를 사랑하는 사람이기 때문입니다. 이것이 유명한 철인 통치론입니다. 플라톤은 이상 국가에서는 소크라테스의 죽음과 같은 어처구니없는 일이 일어나지 않을 것이라고 생각했답니다. 플라톤의 이상 세계를 이해하기 어려운 친구들은 이러한 배경을 알아 두면 도움이 될 거예요.

이제 플라톤의 정의와 이데아가 무엇인지, 그리고 플라톤이 왜 이 둘을 강조했는지 알겠죠? 플라톤이 현실과 동떨어진 이상 세계를 강조한 것은 바로 그런 이유에서였답니다.

## 즐거운 독서 퀴즈

**1** 플라톤은 네 가지 덕을 강조했어요. 다음에서 찾아 모두 동그라미 해 보세요.

> 지혜　　　용기　　　절제
>
> 욕심　　　비겁　　　정의

**2** 플라톤이 각각의 사람에게 어떤 덕이 필요하다고 했는지 서로 연결해 보세요.

통치자 •　　　　　　• 용기의 덕

군인 •　　　　　　• 절제의 덕

생산자 •　　　　　　• 지혜의 덕

### 정답

1. 지혜, 용기, 절제, 정의
2. • 통치자 - 지혜의 덕
   • 군인 - 용기의 덕
   • 생산자 - 절제의 덕

**3** 다음은 플라톤의 철학에 대한 설명이에요. 괄호 안에 들어갈 알맞은 단어를 써 보세요.

❶ (              )는 지혜, 용기, 절제를 조화롭게 발휘하는 거예요. 모든 사람이 각자의 위치에서 지혜롭고 용기 있게 절제하며 사는 것이 바로 (              )예요.

❷ 정의롭게 사는 사람들로 이뤄진 나라가 (              )이고, 그런 사람들로 이뤄진 사회가 정의로운 사회예요.

❸ 통치자는 누구보다도 지혜로워야 하는데, 지혜는 곧 철학을 의미해요. 통치자는 선의 이데아를 닮아 가려고 노력해야 해요. 그래서 플라톤은 (              )가 통치자가 되어야 한다고 했어요. (              )는 지혜를 사랑하는 사람이기 때문이에요.

정답

❶ 정의
❷ 이상 국가
❸ 철학자

에필로그

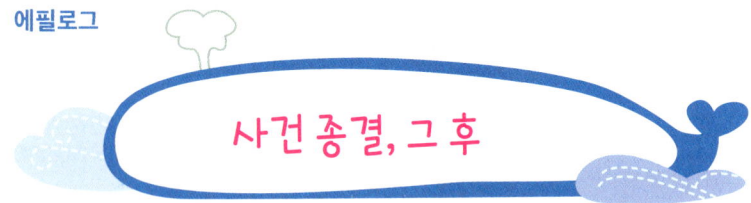
사건 종결, 그 후

　우리 철학수사대의 활약 어땠어? 정말 대단했지? 우리가 인류의 미래를 책임지게 되었다는 말이 공연한 큰소리는 아니었다니까. 이데아의 세계를 넘나들며 빈틈없이 사건을 해결한 우리들의 모습은 두고두고 방송의 화젯거리가 되었지. 이번 겨울에는 〈CSI 철학수사대〉란 영화가 개봉될 예정인데 해리포터의 주인공들이 이번 영화에 캐스팅되었다고 해서 벌써부터 난리들이야.

　전 세계를 떠들썩하게 했던 괴편지 사건도 종결된 지 한 달이 지났어. 어느덧 계절도 여름에서 가을로 바뀌고, 이제 2층 방도 밤에는 추워서 문을 열어 놓을 수가 없어. 거리를 나가 보면 계절도 계절이지만 사람들의 모습도 많이 달라 보여. 거리에 침을 뱉는 사람, 무단 횡단을 하는 사람, 소매치기, 도둑, 강도 등의 수가 많이 줄어들었고, 자신의 위치에서 최선을 다하는 사람들이 하루가 다르게 늘어나고 있다는 훈훈한 소식들도 자주 들려. 덕분에 요즘 나의 부모님은 무척이나 한가해지셨지.

"사건이 없어도 너무 없는 거 아니야? 이거 원, 정의로운 사회도 좋지만, 할 일이 없으니 심심해요. 허허허."
"그러게요, 이러다가 경찰이 필요 없게 되는 거 아닌지 모르겠어요. 졸지에 실업자 되겠어요, 호호호."

말은 이렇게들 하시지만 사건이 줄어든 것을 누구보다도 좋아하셔. 이 모든 것들이 얼마나 다행스럽고 감사한 변화인지 몰라. 물론 여전히 부주의한 사람들이 일으키는 사건, 사고는 심심찮게 발생하겠지만. 광화문 광장에서 플라톤이 한 부탁이 사람들의 마음에서 잊히지 않고 두고두고 힘을 발휘하나 봐.

우리 철학수사대는 어떻게 되었냐고? 방학 한 달 동안만

활동하고 해체한다던 본래의 계획은 물거품이 되었지. 우리 집 다락방에는 'CSI 철학수사대 본부'라는 현판까지 걸렸다니까.

하하, 멋있지? 다락방은 이제 전국적인 명소가 되어서 먼지가 쌓여 있던 예전의 모습이 아니야. 이데아의 유령이 처음 나타났을 때는 바닥에 먼지가 잔뜩 쌓여 있어서 청소 좀 하라는 핀잔을 들었었잖아. 지금은 경찰서와 직통으로 연결된 전화기도 놓여 있고, 냉난방기도 달려 있어. 구석구석 지저분하게 놓여 있던 책 상자들도 모두 치워졌고 말이야. 대신 벽을 빙 둘러서 책꽂이가 만들어졌지. 부모님께서 보시던 책들은 모두 거기에 얌전하게 꽂혀 있어. 그 가운데 우리들이 가장 많이 보는 책은 바로 철학책이야. 제일 첫째 칸에 꽂힌 책은 다름 아닌 플라톤의 『국가』이고. 이제 우리는 방학 동안에 침대에서 빈둥대지 않고 다락방에서 철학 공부를 하려고 해. 왜냐고? 그야 우리는 멋진 철학수사대니까! 하하하!

### 네 생각은 어때? 문제 풀이

**44p**

　만약 내게 기게스의 반지가 있다면 그 반지를 없애 버리겠습니다. 왜냐하면 첫째, 그 반지를 끼게 되면 그동안 착하게 살던 사람도 반지의 힘과 능력을 알게 되어 욕심이 생기고 결국 나쁜 행동을 할 것 같기 때문입니다. 언젠가 부모님께 '견물생심'이라는 말을 들은 적이 있습니다. 물건을 보면 갖고 싶은 욕심이 생긴다는 뜻이라고 들었습니다. 착하게 살던 기게스가 투명 인간이 되는 반지를 갖게 되자, 자기 욕심대로 악한 행동을 한 것이 바로 견물생심의 예입니다.

　물론, 기게스의 반지를 가지더라도 남의 것을 욕심내지 않고 법을 지키는 사람도 있겠지요. 그렇지만 그 사람 말고 주변의 다른 사람들이 욕심을 품기도 할 것입니다. 그렇게 되면 큰 혼란이 생기겠지요. 마치 〈반지의 제왕〉에서 '절대반지'를 둘러싸고 쟁탈전을 벌이는 것처럼 말입니다. 이것이 반지를 없애고자 하는 두 번째 이유입니다.

인간의 욕심은 채워도 끝없이 계속 채워야 하는 밑 빠진 독과 같습니다. 물론 누구나 욕심이 아주 없을 수는 없습니다. 게다가 욕심은 너무 없어도 좋지 않습니다. 이루고자 하는 목표도 결국은 욕심의 한 형태니까요.

이렇듯 욕심은 너무 없어도, 너무 많아도 안 됩니다. 반지를 가지게 된다고 하더라도, 인간의 욕심은 끝없기 때문에 반지를 갖고 있지 않을 때보다 오히려 더 많은 욕심을 품게 될지도 모릅니다. 그렇게 되면 우리의 삶은 행복과는 멀어지게 됩니다. 반지가 행복의 원인이 아니라 불행의 원인이 되기 때문입니다. 이것이 반지를 없애고자 하는 마지막 이유입니다.

**82p**

플라톤은 각각의 사물마다 영원히 변하지 않는 고유한 형상이 있다고 생각하고, 그것을 '이데아'라고 불렀습니다. 이데아는 절대 변하지 않고 영원합니다. 플라톤은 우리가 하나의 원을 그릴 경우 이때 그려진 원은 완벽한 원이 아니라 이데아의 세계에 있는 것을 본뜬 것에 지나지 않는다고 말했습니다. 즉, 우리가 눈으로 보고 만질 수 있는 사물들은 모두 이데아를 본뜬 것들이라고 생각했습니다. 우리가 그린 원은 이데아의 세계에 있는 원과 닮은 가짜 원이며, 이 가짜 원을 우리는 이 세상에서 그냥 원이라고 부른다는 것입니다.

또한 이데아는 눈으로 볼 수 없다고 했습니다. 이데아는 감각이 아니라 오로지 이성으로만 알 수 있다는 것입니다. 옳게 판단하고, 무엇이 아름다운지 추한지, 진실인지 거짓인지, 좋은 것인지 나쁜 것인지 알 수 있는 능력을 이성이라고 합니다. 플라톤은 바로 그 이성으로만 이데아를 알 수 있다고 말했습니다.

또한 이데아에도 등급이 있다고 주장했습니다. 모든 이데아들은 가장 높은 선의 이데아를 닮으려고 한다는 것입니다. 선의 이데아란 우리가 태양 때문에 여러 가지 물건들을 볼 수 있는 것처럼 이데아를 볼 수 있게 해 주는 빛과 같은 것입니다. 가장 높은 곳에서 이데아들을 비추고 있는 선의 이데아 때문에 우리는 이데아들을 볼 수 있다고 합니다.

플라톤의 이데아론에 대한 나의 생각은 이렇습니다. 현실은 변화하지만, 그 너머에 변하지 않는 절대적인 것이 있다는 플라톤의 생각에 동의합니다. 왜냐하면 눈에 보이는 세상은 너무 다양한데도 인간은 별로 혼란스러워하지 않고, 의사소통을 하고, 배우고, 가르치고, 생활하고 있기 때문입니다.

예를 들어 침대를 사러 갔다고 생각해 보겠습니다. 분명 현실에서 침대는 모양도 제각각, 기능도 제각각입니다. 그러나 내가 "침대를 보여 주세요."라고 말하면, 점원은 정확히 침대가 무엇인지 알아듣고 여러 가지를 소개해 줍니다. 그 점원과 나는 '침대'라는 것이 무엇인지 공통적으로 갖고 있는 생각이 있는 것입니다. 나아가서 눈앞에 보이는 여러 가지 침대가 모두 '침대'에 속한다는 것도 똑같이 알고 있습니다. '침대'가 무엇인지를 나타내는 그 공통적인 생각이 바로 플라톤이 말하는 침대의 '이데아'입니다. 그래서 나는 플라톤의 이데아론이 설득력 있다고 생각합니다.

하지만 이데아를 현실과 완전히 분리하여 놓은 점은 이해하기 힘듭니다. 왜냐하면 생각과 이성은 현실에 발을 디디고 사는 인간의 것인데, 현실과 완전히 분리된 이데아의 세계를 인간의 이성으로 어떻게 알 수 있을까 하는 의문이 들기 때문입니다. 그래서 이데아가 현실과 완전히 분리되지 않았거나, 아니면 인간의 이성을 넘어선 신의 경지에서만 이데아를 알 수 있다는 생각이 듭니다.

플라톤은 동굴의 비유에서 눈에 보이는 것이 진짜라고 믿고 사는 사람들이 얼마나 어리석은지 말하고 있습니다. 실제로는 눈에 보이는 것이 가짜이고 진짜의 그림자에 불과할 수도 있다는 의미입니다. 어떻게 그런 일이 가능한지 플라톤은 이렇게 설명했습니다.

아주 어렸을 때부터 감옥에 갇힌 사람이 있습니다. 그 죄수는 뒤를 돌아볼 수 없게 머리가 고정되어 있어서, 앞에 있는 벽밖에 쳐다볼 수 없습니다. 그래서 그는 벽에 비친 그림자를 진짜라고 착각하고 살아갑니다. 심지어는 벽에 비친 인형들의 움직임을 보고 진짜 사람들의 모습이라고 착각했습니다.

그러던 어느 날 죄수는 포박이 풀려 동굴 밖의 밝은 세상으로 나오게 되었습니다. 처음에는 세상의 빛에 눈이 부셔서 제대로 볼 수 없었습니다. 그러다가 시간이 지나면서 점차 밝은 세상에 적응하게 되었고, 그림자의 세계가 가짜이며 바로 이곳이 진짜 세계임을 깨닫게 되었습니다. 그래서 죄수는 자신이 깨닫게 된 사실을 불쌍한 다른 죄수들에게도 알려 주기 위해 감옥으로 돌아갔습니다. 그리고 죄수들에게 그동안 자신들이 그림자로 본 것은 가짜이며, 밖에는 환한 빛의 세계가 있고, 그곳에 그림자의 본모습인 실체가 있다고 말했습니다. 하지만 동굴 속에만 갇혀 있던 죄수들은 그 말을 믿지 않았습니다.

플라톤은 우리 인간이 마치 어두운 동굴에 갇혀 벽에 비친 그림자를 진짜로 착각하며 살고 있는 죄수와 같다고 생각했습니다. 그의 말에 의하면 어두운 동굴은 현실 세계이고, 빛의 세계는 이데아의 세계입니다. 그리고 감옥에서 탈출해서 잠깐이나마 빛의 세계에 다녀온 죄수는 이데아의 세계를 알게 된 철학자입니다. 그래서 플라톤은 나라를 다스리는 통치자는 어리석은 사람이 아닌, 지혜로운 철학자여야 한다고 주장했습니다.

그러나 나는 현실 세계가 가짜라고 생각하지 않습니다. 물론, 눈에 보이는 것 중에는 가짜도 있습니다. 선분은 절대 현실에서 가능하지 않습니다. 머릿속에서만 완전한 선분을 그릴 수 있습니다. 그렇다고 해서 눈에 보이는 모든 것이 가짜는 아닙니다. 예를 들어 볼까요. 나는 아기를 안고 있는 엄마의 모습에서 사랑을 봅니다. 어려운 이웃을 돕는 손길에서도 사랑을 봅니다. 다양한 모습의 사랑이지만, 다 진정한 사랑입니다.

그렇게 본다면, '사랑'의 이데아는 이상 세계에 있는 것이 아닙니다. 우리의 현실 속에서 진정한 '사랑'을 볼 수 있습니다. 그렇기 때문에 나는 현실 세계에 있는 것은 가짜이며, 진짜는 이데아의 세계에 있다는 플라톤의 말에 동의하지 않습니다.

❶ 케팔로스가 생각하는 정의

케팔로스는 정직하고 빚을 갚는 것을 정의라고 합니다. 그래서 부자는 가난한 사람들처럼 남을 속이려고 하지 않고, 돈을 빌렸다가 못 갚은 채로 죽는 일도 없기 때문에, 가난한 사람들보다 정의롭고 즐겁게 살 수 있다고 주장합니다.

❷ 폴레마르코스가 생각하는 정의

폴레마르코스는 정의를 각자에게 갚을 것을 갚는 것이라고 합니다. 갚을 것을 갚는다는 것은 각자에게 걸맞은 대우를 해 준다는 뜻입니다. 쉽게 말해 친구는 이롭게, 적은 해롭게 하는 것이 정의라고 합니다. 여기서 친구란 좋은 사람인데, 좋은 사람으로 보이고 실제로도 좋은 사람을 뜻합니다. 반대로 적이란 나쁜 사람인데, 나쁜 사람으로 보이고 실제로도 나쁜 사람을 뜻합니다.

❸ 트라시마코스가 생각하는 정의

트라시마코스는 정의란 통치자의 이익이라고 주장합니다. 왜냐하면 통치자는 자기에게 이익이 되는 법을 만들기 때문입니다. 그리고 지배를 받는 시민들은 그 법을 지켜야 정의로운 것입니다. 시민들이 정의롭게 그 법을 지키면 통치자에게 이익이 됩니다. 그러므로 결국 정의란 통치자의 이익입니다.

❹ 내가 생각하는 정의

'모든 인간이 각자 마땅히 받아야 할 것을 받는 것이 정의이다.'라는 글을 읽은 적이 있습니다. 이 말은 내가 마땅히 받아야 할 것을 받는 것을 말합니다. 그리고 나뿐만 아니라 다른 사람 역시 마땅히 받아야 할 것을 받는 것을 말합니다. '마땅히 받아야 할 것'에는 여러 가지 가치 판단이 들어 있습니다. 잘못한 사람은 마땅한 벌을 받고, 훌륭한 일을 한 사람은 마땅한 상을 받는 것도 '마땅히 받아야 할 것'을 받는 것입니다. 또한 약자가 마땅히 '보호'받고, 강자가 '견제'를 당하는 것도 '마땅히 받아야 할 것'을 받는 것입니다. 그렇기 때문에 '정의'에는 '평등'이 전제되어야 합니다. 물론, 이 평등은 절대적 평등이 아니라 상대적 평등입니다. 왜냐하면 '상대적'이란 말은 모든 사람을 똑같이 대하지 않고 형편에 맞게 대하는 것이고, '마땅히 받아야 할 것을 받는 것이 정의이다.'라고 할 때의 '마땅히'도 각자의 형편에 따라 그 정도가 달라지기 때문입니다.

## 163p

**❶ 내가 생각하는 통치자가 갖추어야 할 자질**

내가 생각하는 통치자의 자질은 인간이 가질 수 있는 온갖 좋은 것들입니다. 건강, 지혜, 겸손, 온유, 지도력과 통솔력, 유머, 냉철함, 정의로움, 도덕성, 사랑 등등 헤아릴 수 없이 많은 좋은 것들을 통치자라면 갖추고 있어야 한다고 생각합니다. 그러나 통치자도 신이 아니라 인간이기 때문에, 모든 좋은 것을 갖추기는 불가능합니다. 그렇다면 현명하게 '적어도 이것만은 갖추어야 하는 자질'이 무엇인지 생각해 보면 좋겠습니다.

통치자라면 적어도 이것만은 갖추어야 하는 자질 중 첫 번째는 겸손함이라고 생각합니다. 신에게, 인간에게, 자연에게 겸손

해야 합니다. 오만한 통치자는 자기 국민뿐만 아니라, 여러 나라까지도 힘들게 한다는 것을 역사를 통해 알 수 있습니다. 보호하고 보존해야 할 자연을 파괴하는 것은 물론이지요.

두 번째는 건강이라고 생각합니다. 육체 건강뿐만 아니라 정신 건강까지 갖춘 통치자만이 올바른 통치력을 행사할 수 있습니다.

세 번째로는 지도력과 통솔력이 중요합니다. '구슬이 서 말이라도 꿰어야 보배'라는 말이 있는데, 통치자가 온갖 좋은 자질을 가지고도 지도력과 통솔력이 없다면 보배로운 통치자가 될 수 없습니다. 통치자는 늘 여러 국민들의 목소리에 귀를 기울이면서도, 결정을 내려야 하는 순간에는 그들의 다양한 목소리를 하나로 통합할 수 있어야 합니다.

내가 중요하게 생각하는 통치자의 자질은 겸손함, 건강, 지도력과 통솔력입니다.

## ❷ 통치자가 자질을 갖추기 위해 받아야 할 교육

'지덕체를 고루 갖춘 교양인'으로 교육하자는 말을 학교에서 많이 듣습니다. 이른바 전인 교육을 한다고 합니다. 통치자가 되려면, 지식 교육만 많이 받아서도 안 되고, 그렇다고 인성 교육만 받아서도 안 됩니다. 지식도 남보다 많이 쌓아야 하겠지만, 건강을 위해 체육 교육도 열심히 받아야 합니다. 또 감정을 잘 다스리고, 도덕성을 기를 수 있는 인성 교육도 받아야 합니다. 인성 교육을 통해 스트레스에 잘 대처하는 방법, 감정을 조절하는 방법 등을 배울 수 있습니다. 음악과 미술은 인성 교육에 중요하게 쓰일 수 있다고 생각합니다.

특별히 통치자가 배워야 할 지식은 역사라고 생각합니다. 인간의 역사를 통해, 과거의 잘못을 반복하지 않고 현재의 잘못을 바로잡아 더 나은 미래로 나갈 수 있는 지혜를 얻을 수 있기 때문입니다.

## 167p

플라톤은 지혜, 용기, 절제, 정의라는 네 가지 덕을 강조하면서 각자의 위치에서 지혜, 용기, 절제를 조화롭게 발휘하는 것이 정의라고 말했습니다. 정의로운 사회는 그 사회의 구성원 각자가 정의로울 때 가능하다고 주장했습니다. 정치가, 거리의 청소부, 교사, 학생, 상인, 농부 등 모든 사람이 각자의 위치에서 직업인으로서, 그리고 집에서는 아버지, 어머니, 아들, 딸로서 지혜롭고 용기 있게 절제하며 사는 것이 바로 정의이며, 그런 사람들로 이뤄진 나라가 이상 국가라고 말했습니다.

나도 정의로운 사람들로 이뤄진 나라가 정의로운 국가, 이상 국가가 될 가능성이 크다고 생각합니다. 그러나 전체는 부분의 합이 아닙니다. 여기서 통치자의 자질과 책임이 필요합니다. 단순히 대통령 한 사람이 아니라, 좀 더 높은 지위에서 국민들을 이끄는 지도자들의 자질과 책임이 이상 국가의 마지막 관문이라고 생각합니다. 결국 정의로운 국가가 되기 위해서는 지도자들에게 모든 책임을 맡겨 두는 것이 아니라, 국민들이 그들을 잘 지켜보고 국가의 문제에 분명한 의사를 표시하는 등 참여 의식을 길러야 한다고 생각합니다. 흔히 말하듯 여론과 언론이 제 기능을 발휘할 때 정의로운 국가가 될 수 있고, 정의로운 상태를 유지할 수 있다고 생각합니다.

그런 의미에서 내가 생각하는 이상 국가는 통치자만 통치하고 정치가만 정치하는 국가가 아니라, 모든 국민이 통치와 정치에 참여하고 참여할 수 있는 국가입니다. 이는 직접 민주주의를 의미하는 것이 아니라, 다양한 형태의 정치 참여, 통치 참여를 의미합니다. 즉 링컨 대통령이 말한 것처럼, 국민의, 국민에 의한, 국민을 위한 정치가 실현되는 국가가 이상 국가라고 생각합니다.

플라톤이 들려주는 이데아 이야기
## 이데아의 숲에서 정의를 찾다

ⓒ 서정욱, 2005

초    판 1쇄 발행일 2005년 1월 14일
개정판 1쇄 발행일 2019년 8월 19일

지은이     서정욱
그린이     박정석
펴낸이     정은영
편집       최성휘
디자인     서은영 안선주 김혜원
마케팅     이재욱 백민열 하재희 한지혜
제작       홍동근

펴낸곳     (주)자음과모음
출판등록   2001년 11월 28일 제2001-000259호
주소       04047 서울시 마포구 양화로6길 49
전화       편집부 (02)324-2347  경영지원부 (02)325-6047
팩스       편집부 (02)324-2348  경영지원부 (02)2648-1311
이메일     jamoteen@jamobook.com

ISBN 978-89-544-4000-4 (73810)

잘못된 책은 구입처에서 교환해드립니다.
저자와의 협의하에 인지는 붙이지 않습니다.

이 도서의 국립중앙도서관 출판예정도서목록(CIP)은 서지정보유통지원시스템
홈페이지(http://seoji.nl.go.kr)와 국가자료공동목록시스템(http://www.nl.go.kr/kolisnet)에서
이용하실 수 있습니다. (CIP제어번호: CIP2019030179)

이 책은 『플라톤이 들려주는 이데아 이야기』(2005)의 개정증보판입니다.